미니멀 캠핑·백패킹·차박캠핑
슬기로운 캠핑 생활

캠핑
하루

글·사진
생활모험가

#프롤로그　　우리는 생활모험가입니다

- #1 어른들의 소꿉놀이 · 11
- #2 차에서 먹고 쉬고 자고, 차박 · 17
- #3 숲속 차박캠핑 · 23
- #4 우리의 캠핑은 목요일부터 시작된다 · 31
- #5 밖에서 더 잘 자요 · 37
- #6 이른 봄날의 브롬톤 캠핑 · 45
- #7 작지만 큰 모험 · 51
- #8 계절 속을 천천히 거닐다 · 55
- #9 새로운 여행의 방식, 차박 여행 · 63
- #10 봄과 여름 사이, 섬으로 · 67
- #11 배낭의 무게가 인생의 무게 · 75
- #12 커피의 맛 · 81
- #13 일상에 캠핑 한 스푼, 캠프닉 · 87
- #14 멍 때리기의 힘 · 91
- #15 여름의 시작 · 99
- #16 손때 묻은 캠핑 도구들 · 105
- #17 이끌리듯, 계곡 차박캠핑 · 111
- #18 텐트 속 작은 부엌, 간단 캠핑 요리 · 117
- #19 우리의 주말 · 127
- #20 오붓하게, 때때로 가족캠핑 · 133
- #21 텐트 정담 · 139
- #22 여름 숲으로, 여름 숲으로 · 145

#23 늦여름날의 마음가짐 ·151
#24 주말엔 숲으로 ·155
#25 막걸리의 맛 ·161
#26 여름은 지나가고 ·165
#27 가을의 숲에 귀를 기울이면 ·171
#28 백패커의 배낭엔 무엇이 들어있을까? ·175
#29 일본 고아웃 백패킹 1 ·181
#30 일본 고아웃 백패킹 2 ·187
#31 계절을 기다리는 마음 ·195
#32 겨울의 야영생활 ·199
#33 백패킹의 끼니 ·203
#34 겨울 캠핑의 장난감, 화목난로 ·207
#35 모두에게 메리 크리스마스 ·213
#36 우리는 우리의 속도대로 ·217
#37 수고했어, 올해도 ·221
#38 담담한 새해 ·225
#39 겨울 산의 나긋한 위로 ·229
#40 부부가 같은 취미생활을 한다는 것은 ·235
#41 도구의 쓸모 ·239
#42 아니온 듯 다녀가기 클린 캠핑 ·243
#43 아직, 겨울은 우리 곁에 ·247

#에필로그 어디든 내 집 ·252

prologue

우리는
생활모험가
입니다.

우리는 생활모험가 부부입니다. 일상과 여행을 넘나들며 언제든 떠날 수 있도록 가뿐한 짐으로 살아가고 있습니다. 배낭 하나에 들어갈 만큼만, 우리는 배낭 하나만 둘러메고 떠나는 백패킹으로 자연과 조우했어요. 처음엔 넘치는 짐을 여기저기 매달기도 하고 손에 들기도 했습니다. 그러기를 여러 번 반복하다 보니 제법 요령이 생겨, 정말 기본적으로 꼭 필요한 짐들 빼고는 배낭에 짊어지지 않게 됐어요. '최소한의 짐으로도 충분하다.'는 걸 깨닫게 된 거죠. 도시의 물건들은 아주 편리한 반면 그것에 의존하게 했기에, 자연에선 오히려 부족한 편이 더 나았습니다. 아니 온 듯 머물다 가야 하는 자연의 시간에서 많은 짐은 그리 필요하지 않았어요.

매번 다른 풍경, 다른 숲속의 작은 집을 짓고 자연의 시간에 머무르는 캠핑. 우리에게 있어 캠핑은, 자연에 한 걸음 더 다가가는 방법입니다. 단순하고 느리지만 작은 행복을 발견하는 기쁨이 있는 숲의 하루. 나긋한 바람결에 해먹이 살랑살랑 흔들리고 모닥불이 타닥타닥 타오르는 소리와 겹겹의 나무그늘 아래 낮잠이 쏟아질 것만 같은, 계절의 빛깔이 가득한 숲. 머무는 것만으로도 도시에서의 헛헛한 마음을 채우고 잔뜩 쌓인 스트레스를 비워낼 수 있는 숲의 하루. 자연 속에서 보내는 하루의 시간은 우리에게 더 단순하게 살아가라 일러 주었고, 다시 도시 속으로 뛰어들 용기를 두 손 가득 쥐어

주었습니다.

그래서일까요. 도시에 돌아온 후에도 숲의 하루가 준 힘으로 버텨낼 수 있었어요. 처음엔 그렇게 버텨내다가, 점점 도시의 시간 또한 받아들이게 되었죠. 조금은 삭막하고 답답한 도시의 시간이 있기에 숲의 하루가 더 다디달게 느껴지는 것일 테다, 하고 말이죠. 참 재밌게도 그렇게 생각을 바꾸고 나니 도시의 일상에서도 즐거움을 찾아낼 수 있었습니다. 굳이 멀리 떠나지 않아도 우리 곁에는 늘 자잘한 행복과 크고 작은 모험이 여기저기에 숨어 있단 걸, 알게 된 거에요.

우리는 일상과 여행 속 크고 작은 모험을 함께 하며 남편은 사진과 영상을 찍고 아내는 단어와 문장을 그러모아 글을 짓습니다. 닮았지만 조금은 다른 방식으로 모험을 그려내기에, 같은 순간을 함께 했지만 묘하게 다른 느낌이 들 때도 있어요. 늘 같을 순 없단 걸 이해하고 서로가 좋아하는 시간을 존중하며, 기꺼이 동참하는 것.

비가 오면 비가 오는 대로, 눈이 오면 눈이 오는 대로. 언제라도 모험의 순간을 맞이할 준비가 되어 있는 우리이기에, 어떤 순간에도 든든한 서로가 있기에. 오늘도 배낭 하나로 단출하게 짐을 꾸려보고, 운동화의 끈을 야무지게 조여봅니다.

내일은 또 어떤 모험이 우리를 기다리고 있을까요?

캠핑에선 이렇게 누구나 각자 할 일이 있다.
고양이 발이라도 도우며 함께 캠핑의 풍경을 만들어가고,
각자의 할 일을 맡아서 하는 일과에서 오는 안정감이 있다.

어른들의
소꿉놀이

―

  집을 짓는 것부터 시작하는 캠핑. 텐트의 문은 어디로 향할 것인지, 부엌은 어디로 할 것인지, 하루 또는 이틀 동안 우리가 머물 공간을 직접 선택하고 만들어 가는 시간이다. 이렇게 캠핑을 할 때마다 매번 집을 짓고 살림을 꾸리다 보면 가끔 어린 시절 소꿉놀이의 기억이 떠오르곤 한다. 하나하나 내 손으로 만들어 나가는 하루의 집과 살림. 낯설지 않은 소꿉놀이의 기억은 나를 가끔 어린아이로 돌아가게 해준다. 복잡한 계산 없이 투명하고 단순했던 그 시절의 어린아이로.

둘이 함께 텐트를 치고, 그는 땅땅땅 망치질로 텐트를 바닥에 고정한다. 그럼 나는 텐트 안으로 들어가 살림을 꾸리는 것이 순서. 잠을 잘 곳과 짐을 놓을 곳을 구분해서 자리를 잡고 장비들을 하나 둘씩 들여놓으며 하루의 집을 짓는 것이다. 텐트를 치는 것부터 장비를 옮겨 사부작사부작 텐트 안 살림을 꾸리고 불을 피우는 것까지, 크고 작은 일과들로 하루가 꼬박이다. 캠핑에선 이렇게 누구나 각자 할 일이 있다. 고양이 발이라도 거들며 함께 캠핑의 풍경을 만들어가고, 각자의 할 일을 맡아서 하는 일과에서 오는 안정감이 있다. 쉬려고 왔는데 계속 무언가를 하며 움직인다는 게 아이러니하게 보일지도 모른다. 하지만 캠핑에서의 일은 도시의 그것과는 달리 단순하고 소소해서, 그렇게 조금씩 몸을 움직이다 보면 나도 모르게 마음이 가벼워지고 밝아지곤 한다.

불을 피울 나뭇가지를 주우러 갔다가 천연한 계절의 색을 마주하기도 하고, 때마침 나무 위를 지나던 분주한 청설모의 움직임에 잠시 하늘을 올려다보기도 하고. 주워온 나무를 오도독오도독 잘게 분지르며 멍하니 도시의 잔재를 비워버리곤 하는 것이다. 도시에선 몸은 잘 움직이지 않고 눈은 늘 네모난 창에 고정되어 피로에 젖어있던 우리. 휴대폰에, 컴퓨터에, TV에, 계속 네모난 창에 갇혀 그 세상만 바라보곤 하느라 몰랐던 계절이, 자연이, 여기에 있었다.

잠시 일상에서 벗어나, 약간의 부지런함과 불편함도 기꺼이 받아들이며 사부작거리는 단순한 즐거움. 다시 돌아간 일상을 더 소중하고 알차게 보낼 수 있는 캠핑의 마법이 아닐까.

최소한의 짐을 챙기고, 텐트를 치지 않아도
어디에서나 차를 대고 잠만 자는 차박은
캠핑과는 또 다른 느낌이었다.

차에서
먹고 자고 쉬고
차박
―

　아웃도어 활동을 하다 보니 차는 단순한 운행수단 그 이상의 역할을 해 줄 때가 많다. 도시에서는 본연의 역할인 이동수단에 충실하지만, 캠핑에서는 든든한 쉘터 Shelter: 비바람 등 날씨에 관계없이 편안하게 쉴 수 있는 쉼터 까지 돼 주곤 하는 것. 얇은 천이 지붕인 텐트를 생각하면, 그보다 더 튼튼한 차에서 시간을 보낸다는 건 더 든든하게 느껴진다. 심지어 텐트를 치고 걷을 필요 없이 적당한 곳에 차를 대면 끝. 이렇게 텐트가 아닌 차에서 잠을 자는 것을 '차박캠핑'이라고 한다. 타인과의 접촉을 최소한으로 할 수 있고, 많은 장비 없이도 즐길 수 있는 간편함이 특징. 원하는 곳으로 어디든 떠날 수 있고, 내 차에서 안전하게 쉴 수 있으며, 차만 있으면 바로 시작할 수 있는 것이 차박이다.

생각해보면 예전부터 우리는 차박을 하고 있었다. 장거리 운전을 할 때면 운전석이나 조수석을 뒤로 젖혀 쪽잠을 청하곤 했고, 어린 시절 아빠의 봉고차 뒷좌석을 접고 그 위에 돗자리를 펼쳐 잠을 자곤 했었으니까. 꽉꽉 막힌 고속도로를 벗어나 휴게소에 주차하고선 차에서 잠깐 자는 쪽잠이 그렇게 달콤할 수가 없었는데, 이젠 침낭까지 갖추고 제대로 잠을 자는 차박을 즐기게 될 줄이야. 그러고 보면 우리에겐 어릴 때부터 여행자의 마인드가 있었던 걸까 싶다.

차에서 간단히 잠만 자는 스텔스 차박부터 의자나 테이블 등 간단한 장비를 세팅하는 미니멀 차박, 트렁크에 도킹텐트를 연결해서 더 넓게 즐기는 차박캠핑 등 형태도 다양하다. 이 중에서도 우리는 스텔스 차박이나 미니멀 차박을 주로 하는 편이다. 캠핑과 차박의 선택지에서 차박을 선택하게 되는 가장 큰 이유가 '간편함'이기 때문이다.

최소한의 짐을 챙기고, 텐트를 치지 않아도 어디에서나 차를 대고 잠만 자는 차박은 캠핑과는 또 다른 느낌이었다. 무엇보다 최소한의 장비를 추구하는 우리에게 차박은 간편함 이상의 대안이 돼주었다. 캠핑의 짐에서 침낭과 매트 정도만 있어도 차박에선 충분했다.

음식은 근처 식당에서 먹거나 포장해서 먹으면 되니, 조리도구도 필요 없었다. 가끔 좀 더 짐을 챙겨 미니멀 차박을 하기도 한다. 의자와 테이블, 조리도구를 챙겨 캠핑장으로 가되, 텐트는 치지 않고 차에서 잠을 자는 것. 차에 작은 소품이나 조명만 걸어도 캠핑 무드를 느낄 수 있어, 소박한 캠핑의 재미가 돼준다. 예기치 않았던 소나기가 내려도 튼튼한 지붕이자 안락한 차 안이라 든든한 건 물론이고, 차마다 조금씩 사이즈는 다르지만, 보통 SUV 차량의 경우 2열 좌석을 눕히고 레그룸을 채우면 제법 차에 누울 수 있는 정도가 되고, 그 위에 매트를 깔면 훨씬 푹신푹신하게 쉴 수 있다.

차에 누우면 마치 우리만의 우주에 와있는 듯, 다락방에 누운 듯 아늑하고 따스하다. 평소보다 이른 시간에 누워 자기 전 도란도란 이야기를 나누다 보면, 마치 비밀 이야기를 속닥거리는 기분이 들곤 하는 것. 내일 아침엔 어떤 풍경이 펼쳐져 있을까 기대하며 잠드는 차박의 설렘도 좋다.

언젠가 캠핑장이 아닌 곳으로 간단하게 차박을 떠난 적이 있는데, 차박으로 유명한 곳이라 정말 많은 사람들이 다양한 차에서 '자신만의 차박'을 즐기는 모습을 볼 수 있었다. 스타일은 제각각으로 다양했지만, 가족이나 지인들과 어울려 소박한 즐거움을 누리는 모습이 인상적이었다. 모두 각자의 방법으로 소중한 이들과 시간을 보낸다는 것, 그 자체만으로도 무척이나 즐거워 보였던 것일 테다.

겹겹의 그늘이 되어주는 푸릇한 나무들 사이에 지은
작은 숲속의 집. 오늘은 무얼 해도 좋다.
나 자신에게, 그리고 우리에게 한없이
너그러워지는 시간, 주말이니까.

숲속
차박캠핑

———

  캠핑을 오래하다 보니 갖고 있는 장비는 많은 편이지만, 늘 새로운 것에 설레는 건 어쩔 수 없는 일이다. 그치만 새 장비를 사기 전에 기존 장비들을 돌아보고 다른 방법으로 활용할 수 있을지, 궁리하고 상상해보는 일도 즐겁다. 사용자의 아이디어가 더해져 새로운 의미를 부여하고, 시도해보는 일은 캠핑의 또 다른 재미를 주기에. 그러고 보면 예전부터 조금씩 그런 시도는 해왔던 것 같다. 가령 그늘막 3개를 이어 붙여 모두가 쉴 수 있는 쉘터로 만들어 본달지, 텐트 아래에 까는 풋프린트를 그늘막으로 활용해보는 등, 조금은 엉뚱하지만 아이디어를 발휘해보는 시도는 그 자체로도 흥미로웠다.

이번에는 차박캠핑에 새로운 방법을 시도해보기로 했다. 쌀쌀해진 날씨에 트렁크에 연결할 차박 텐트가 필요했는데, 맘에 드는 제품을 찾기가 어려웠던 탓이다. 기존의 캠핑 장비를 활용해본다면 완벽하진 않아도 제법 재밌는 세팅이 나오지 않을까? 갖고 있는 장비가 머릿속에 파노라마처럼 펼쳐지고, 마침 적당한 쉘터 하나가 떠올랐다. 어떤 그림이 나올지 확실히 머릿속에 그려지진 않았지만, 일단 가져가서 세팅해보기로 했다. 완벽하지 않아도 괜찮다, 더 갖춰지지 않은 때도 충분히 우린 즐거웠으니. 벌써부터 주말의 집에 대한 기대로 설레기 시작했다.

기다리던 주말, 우린 소풍을 떠나는 아이처럼 이른 아침부터 분주하게 움직여 숲속 캠핑장으로 향했다. 전날의 노곤함이 남아있을 법도 한데, 떠날 때마다 맘이 이리 들뜨는 건 참 신기한 일이다.

오늘은 차에서 잠을 자고, 쉘터에서 쉬는 미니멀 차박을 하기로 했다. 캠핑은 텐트의 자리를 잡는 것부터 시작이듯, 차박은 차를 대는 것부터 시작이다. 트렁크를 어디로 둘 지, 차를 옆으로 댈지, 쉘터는 어디로 연결할지. 우리의 머릿속에선 수많은 그림들이 그려지고 또 사라지곤 한다. 각자의 아이디어를 나누고 더하는 시간을 지나, 그리하여 최종적으로 오늘의 집의 자리와 형태가 정해지는 것.

이번에 가져온 쉘터를 어떻게 활용할지도 관건이다. 차박용으로 사용하는 것이 아닌지라 모양이 잘 나올지, 제대로 연결할 수 있을지, 어느 하나 확실하지 않지만, 서로의 의견을 나누고 새로운 그림을 함께 만들어나간다는 자체가 재밌는 일이다. 만약 제대로 안되면 오늘은 그냥 심플하게 차에서 잔다는 생각이라, 부담도 없다. 기대치가 낮은 덕분인지 작은 것에도 즐겁고 감사한 마음. 그저 우리의 크고 작은 사부작거림만으로도, 머릿속의 막연한 그림을 그저 생각으로만 끝내지 않는다는 것만으로도, 충분하리라.

이리저리 만들어보니 제법 그럴 듯한 모양이 나왔다. 비록 완벽한 연결은 아니지만 이 정도면 오늘을 나기엔 적당하다. 그 적당함을 알고 납득하는 것, 마치 적당하게 내리쬐는 오후의 햇살처럼 자연스럽다. 겹겹의 그늘이 되어주는 푸릇한 나무들 사이에 지은 작은 숲속의 집. 낮잠을 자거나, 간식을 먹거나, 아무것도 하지 않거나. 오늘은 무얼 해도 좋다. 나 자신에게, 그리고 우리에게 한없이 너그러워지는 시간, 주말이니까.

작은 불을 지피며 분주했던 평일의 조각을 나누는 캠핑의 밤. 서로의 세계에서 삼켜냈던 고단함도 다정한 이 밤에 사르르 녹아버리는 것처럼 아련히 사라져간다. 생각했던 것보다 제법 쌀쌀한 밤이지만, 어설프게나마 차에 연결해 둔 쉘터 덕분에 따뜻하게 쉴 수 있었다. 엉뚱하지만 부지런했던 오후의 움직임 덕분에 따스하고 포근했던 숲속의 밤이었고, 여느 때와 같은 듯 다른 캠핑의 나날이었다.

한 주를 반으로 쪼개 봤을 때

목요일은 분명 주말에 더 기울어있다.

그래, 이쯤이면 캠핑에 마음이 팔려도 될 때다.

우리의 캠핑은
목요일부터 시작된다.

―

매주 배낭을 꾸려 산이며 바다며, 어디로든 쉴 새 없이 떠나던 시간을 지나 템포에 맞춰 떠나는 지금에 이르기까지. 생각해보니 캠핑을 시작한 지 근 10년이 다 되어간다. 무슨 일이던 10년 정도 했으면 아무리 좋은 것도 매번 설레는 일만은 아닐 것이다. 설렘은 점점 다른 익숙한 즐거움으로 바뀌어 갈 테니. 특히 캠핑은 매번 챙기는 짐도, 하는 일도 비슷하기에 더 그럴 것만 같았다.
그치만 참 이상하다. 아직도 매번 짐을 챙길 때마다 설레고 두근거린다. 이번 캠핑에 대해, 매번 비슷하지만 조금씩 다른 이번 주말 캠핑에 대한 기대로 나는 목요일부터 설레곤 하는 것이다.

월요일, 화요일까지는 지난 주말의 캠핑의 여운이 아직 남아있는 때, 수요일은 조금 애매하다. 지난 주말의 잔재를 껴안고 있기에는 조금 과하게 느껴지고, 이번 주말을 준비하기엔 벌써? 라는 조금 이른 듯한 느낌이 들곤 하기에. 하지만 목요일은 다르다. 한 주를 반으로 쪼개 봤을 때 목요일은 분명 주말에 더 기울어있다. 그래, 이쯤이면 캠핑에 마음이 팔려도 될 때다.

사실 나는 캠핑에서 요리를 많이 하는 편은 아니다. 하지만 어떤 메뉴를 고를지 매번 고민은 한다. 이번엔 좀 호화롭게 해볼까? 여러 메뉴들을 고민하고 머릿속으로 그려본다. 그러곤 시장이나 마트에 가서 재료를 살펴보고 나면 최소한의 재료로 요리할 수 있는 것으로 고르게 된다. 결국 그렇게 돼버리곤 하지만, 그래도 내 머릿속의 상상만은 무척이나 즐겁고 설레곤 하는 것이다. 그것만으로도 무척이나 행복해지는 것이기에. 결국엔 매번 비슷한 메뉴를 고르고 비슷한 짐을 꾸리게 될지라도 내 마음은 이미 뭉게뭉게 행복한 캠핑의 시간으로 가있다.

그렇기에 나는 수요일에 가장 일을 열심히 해야만 하고, 또 그렇게 하고 있다. 목요일부턴 주체할 수 없이 주말, 우리의 작은 모험에 대한 설렘으로 일이 손에 잡히지 않을 것을 잘 알고 있기에. 사실 빠르게 짐을 꾸리려면 그렇게 할 수도 있다. 결국 우리의 루틴에 맞는

장비나 메뉴들은 정해져 있으니까. 하지만 그렇게 하지 않는 건, 단순한 짐 꾸리기가 아니라 하나하나 장비를 챙길 때마다 캠핑의 순간을 떠올리고, 나는 이미 캠핑의 한 장면에 들어간 듯 마음이 무척이나 한없이 너그러워 지기 때문이다. 그런 내가 참 좋기 때문이다.
금요일은 현실적으로 짐을 꾸려야 한다면 목요일은 좀 더 이상적인 짐을 꾸릴 수 있다. 이번엔 좀 다르게 가볼까? 이걸 좀 챙겨볼까? 하고 첫 짐을 꾸려본다. 금요일 최종 짐을 쌀 땐 아니다, 그냥 빼자, 하더라도 그건 그때 가서 다시 판단할 일이다.
현실적인 짐을 챙기기 전에 조금 달콤한 상상을 해볼 수 있는 게 목

요일의 짐이다. 혹여나 내일 빼버리더라도, 조금 더 여유롭게 캠핑의 순간을 상상해볼 시간, 그게 목요일이 주는 선물이다. 그 순간들이 소중하고 또 소중해서 한꺼번에 써버리고 싶지가 않다. 달콤한 순간을 더 오래오래 머금을 수 있도록 야금야금 조금씩 목요일의 나와, 금요일의 내가 나누어가지면 좋겠다.

마치 여행의 계획을 세울 때부터 이미 여행은 시작된 것 마냥, 우리의 캠핑은 목요일부터 시작된다. 매번 같은 짐을 챙길지라도 같은 곳을 향할지라도 설렘의 크기는 조금씩 다르고 새삼스럽다. 오래오래 여전한 마음이기를.

한낮에 해먹에 누워있자면
따뜻한 나무의 품에 포옥 안겨있는 것만 같다.

밖에서 더 잘 자요

텐트 안에 있으면 밖에서 들리는 작은 소리도 크게 들린다. 작은 바스락 소리에도 텐트 안에 있으면 제법 귀를 쫑긋하게 되는 것. 주로 캠핑장에서 캠핑을 하기에 크게 위협적으로 느낄만한 것은 없지만, 아무래도 더 크게 들리는 주변 소리에 평소보다 민감해지는 건 사실이다. 단, 침낭 안에 들어가기 전까지만 말이다. 그렇게 주변 소리에 안테나를 세우고 있다가도 포근한 침낭 안에 쏘옥 들어가 몸을 뉘이면, 굿나잇 인사를 할 틈도 없이 금세 까무룩 잠들어버리곤 한다. 우리가 쓰는 침낭이 머리까지 뒤집어쓰는 머미형이라, 몸을 쏘옥 넣으면 굉장히 안락하다는 이유도 있다.

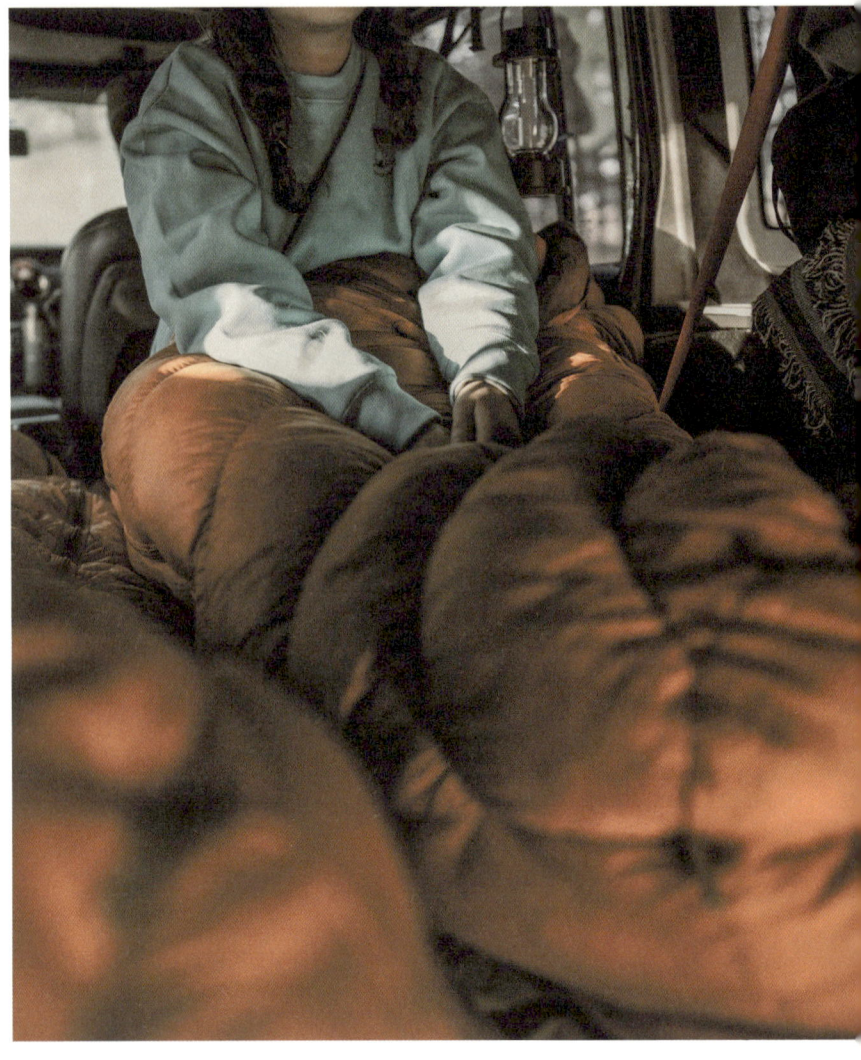

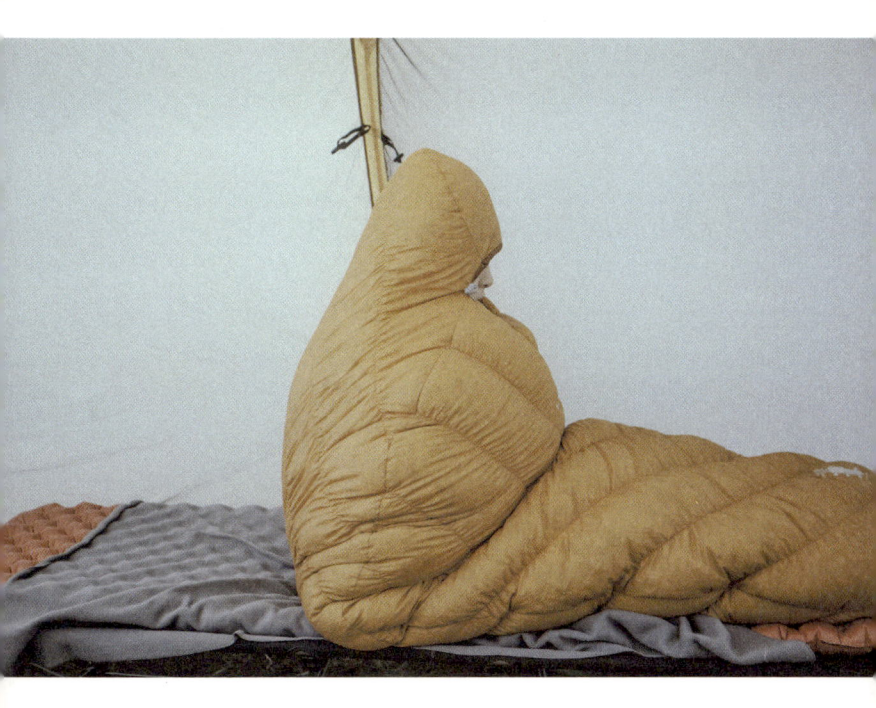

겨울철에는 아무리 두꺼운 침낭이라도 처음 들어갈 때면 침낭 안이 싸늘한 공기로 가득 차 있곤 하는데, 그 안에 그냥 들어가기 보다는 따뜻한 핫팩을 한두 개 미리 던져놓으면 침낭 안의 온도가 제법 높아진다. 한결 따끈해진 침낭 안에 몸을 뉘이고 얼굴만 쏘옥 내밀면, 얼굴 공기는 서늘한데 몸은 따뜻해서 묘한 기분이 든다. 발치에 핫팩 하나, 몸 쪽에 핫팩 하나 넣어두면 나의 체온과 어우러져 침낭 안은 훈훈해지는 반면, 얼굴은 여전히 서늘해서 서로 다른 계절에 있는 것만 같다. 마치 얼굴만 겨울에 가 있는 기분이랄까. 그럴 땐 잠깐 침낭 안에 얼굴을 쑤욱 넣었다 빼면 좀 낫다.

캠핑을 하면 하루를 꽈악 채워 보내는 기분이라 평소보다 더 일찍 잠자리에 드는 편이다. 도시에 있을 땐 초저녁이라 할 수 있는 9시~10시 즈음, 어쩐지 그쯤이면 슬슬 노곤해지기 시작한다. 평상시엔 12시는 훌쩍 넘어야 잠드는지라 이런 자연에서의 내가 퍽 낯설다. 심지어 일찍 잠든 만큼 일찍 일어난다. 굳이 알람을 맞춰놓지 않아도 날이 밝아오면 자연스레 알람 시간보다도 먼저 눈이 떠졌다. 평소 아침잠이 많은 나로서는 이런 상황이 정말 믿기지 않았다. 도시의 나는 아무리 연속으로 알람을 맞춰놔도 일일이 다 꺼놓고 다시 잠드는 성실한 잠꾸러기였으니 말이다. 해가 뜨면 일어나고 해가 지면 잠들고, 자연에 있으니 이리도 자연스럽게 변하는 모습이 여전히 신기할 따름이다.

텐트를 치고 기본 세팅을 해놓고 나면 아무것도 하지 않아도 되는 자유로운 시간이 오는데, 가장 좋아하는 때이다. 각자 하고 싶은 것을 하며 보내는 경계 없는 시간이기 때문. 무엇을 해도 좋고, 아무것도 하지 않아도 좋은, 어떻게 보내도 좋은 무경계의 시간. 나는 그 시간을 조금 붕 떠 있는 시간이라 지칭한다. 누군가는 근처 산책을 하고, 누군가는 간식을 먹고, 누군가는 사진을 찍고. 붕 떠 있는 동안 나는 거의 아무것도 하지 않거나 낮잠을 자는 편이다. 도시에서는 낮잠보다는 오히려 아침잠이 많은 편이라 자고 싶으면 한 번에 푹 자버리지, 낮에 쪽잠을 타는 타입은 아니었다. 심지어 잘 때 빛에 민감해서 밝을 땐 깨어 있는 편인데도, 캠핑에서는 대충 모자로 눈만 가리고 야침이나 침낭 위에 누우면 신기하게도 금세 잠이 쏟아진다. 여름에는 해먹에서 자는 낮잠도 퍽 좋아하는 편이다. 한낮에 해먹에 누워있자면 따뜻한 나무의 품에 포옥 안겨있는 것만 같다. 공중에 붕 떠 있는 느낌도 들고, 어떨 땐 구름 위에 누워있는 듯 포근하고 아늑하다. 그럴 때면 뭐랄까, 아무 생각도 들지 않고 멍하니 둥둥 떠 있는 기분이라, 짧은 순간이라도 길고 달콤하게 느껴지곤 한다.

짧은 캠핑의 시간, 잠만 자기에는 아깝다고 생각한 적도 있다. 하지만 때때로 집에서보다도 더 깊고 단잠을 자고 나면 머릿속은 더 또렷해지곤 한다. 그런걸 보면 자연의 품에서 잠들며 에너지를 충전하고 있는 것 같단 생각이 든다. 잘 자고 씻은 듯 맑아지는 것으로 말이다.

열심히 달려온 스스로에게 선사하는 여유로움,
함께 왔지만 각자의 시간을 즐기는 지금이 좋다.
이렇게 아무것도 하지 않을 자유도 필요하다,
이따금씩.

이른 봄날의 브롬톤 캠핑

유난히 분주했던 금요일, 밤 11시가 돼서야 귀가했다. 무척이나 피곤한 하루였고 내일 오전 우리는 브롬톤 캠핑(브롬톤 Brompton: 3단으로 접히는 폴딩 미니벨로 / 이하 브롬핑)을 떠나는 일정이었지만 아직 가방도 꾸리지 못한 채였다. 날씨예보도 우리의 발목을 자꾸만 붙잡았다. 주말, 전국에 비. 브롬핑에 비 소식은 치명적이다. 심지어 나는 저녁 메뉴 탓인지 배탈이 났다. 모든 것이 우리의 떠남을 방해했지만 그럼에도 불구하고 우리는 떠났다. 가지 말아야 할 이유보다 가고 싶은 마음이 훨씬 컸기에.
많은 떠남과 돌아옴을 거치며 우린, 이제 어떠한 상황 앞에서도 나름대로 대처할만한 여유도 생겼다. 짜증을 내려면 한없고, 궁

정적으로 받아들이면 길은 어디라도 있다. 우리 앞에 놓인 여정에 즐거움만 가득하기를, 여기까지 와서 얼굴 찌푸리는 일은 없기를. 그러다 보면 아주 작은 행운에도 아이처럼 기뻐하는 나를 발견하게 된다. 예를 들어 떠나기 직전 겨우 시간에 맞춰 배에 선승하는 일이랄지, 우연히 들른 섬마을 식당에서 햇살을 쬐고 있는 고양이의 느긋한 골골거림을 듣는 일 같은 아주 사소할 수 있는 것에도 미소 짓게 되는 그런 기쁨 말이다.

평소엔 올 일이 없는 생경한 이름의 역에 내려 익숙한 친구들과 오랜만의 브롬핑에 나섰다. 서울에서 그리 멀지 않은 곳이건만, 주변의 풍경은 마치 멀리 떠나온 기분에 퍽 설레왔다. 선착장에 도착해 배에 각자의 브롬톤을 싣고 우린 함께 바다를 건넜다. 갈매기의 마중과 바닷 내음에 어젯밤의 피곤은 남의 일 마냥 기운이 펄펄 솟아났다. 오르막과 내리막을 번갈아 가며 부지런히 달려, 오늘 하루 브롬톤과 우리가 머물 해수욕장에 도착했다. 사락사락, 고운 모래 알갱이와 바닷바람이 반겨주는 바닷가는 늘 설레는 장소다. 옹기종기 오늘 머물 집을 짓고, 달리느라 수고한 브롬톤을 곱게 접어 텐트 옆에 세워놓는다. 너도, 나도, 오랜만에 뜨겁게 달렸구나.

아침부터 분주했던 오늘, 누군가는 잠시 눈을 붙이고, 누군가는 주변 산책을 하고, 누군가는 텐트 안 침낭에서 빈둥거리고, 누군가는 바닷가를 바라보며 멍하니 앉아 있다. 열심히 달려온 스스로에게 선사하는 여유로움, 함께 왔지만 각자의 시간을 즐기는 지금이 좋다. 이렇게 아무것도 하지 않을 자유도 필요하다, 이따금씩.

도란도란 모여 앉아 음식을 나눠먹고 이야기를 나누는 캠핑의 밤. 언젠가부터 술은 줄이고 따뜻한 차나 커피를 나눠 마시기 시작했다. 온몸에 퍼져오는 따스함에 마음까지 노곤해졌고, 우리는 좀 더 나지막한 목소리로 읊조리는 서로의 이야기에 귀 기울였다.

다음날 언제나처럼 아니온 듯 자리를 정리하고 돌아오는 길. 내리막이었던 곳은 오르막이 되어, 오르막이었던 곳은 내리막이 되어 우리 앞에 펼쳐있었다. 자전거 라이더들에게 지형은 이리도 공평하다. 갈 때 고생스러우면 올 때가 편하고, 갈 때가 편하면 올 때가 고생스럽다. 내리막의 통쾌함도, 오르막의 수고로움도, 딱 반대로 선사해주는 공평함이란. 앞뒤로 캠핑 짐을 실은 덕에 평소보다 페달링이 무겁게만 느껴진다. 너무 무리하지 않고 힘들면 적당히 내려서 끌고 가며 체력을 비축하는 것이 좋다. 체력을 모두 쏟지 않는 덕에 천천히 주변 풍경도 둘러볼 수 있는 여유도 부려본다. 오르막을 낑낑대며 오르던 우리 옆을 자동차 한 대가 무심하게 지나쳐간다. 너무 빠른 그 속도에, 계절은 곁에 머물 새도 없을 것만 같다.

다행히도 비는 오지 않았고 조금 쌀쌀했지만 그만큼 서로의 작은 온기조차 소중하게 느껴졌던 그날 밤. 걱정했던 모든 것들은 말간 모래알처럼 그저 사르르 손가락 사이로 흘러내렸다. 얄궂었던 날씨 덕에 의외의 것들이 고맙게만 느껴졌던 그 캠핑의 기억은 여느 때보다도 오래오래 남을 것만 같다.

재밌게도, 캠핑을 끝내고 집에 돌아가는 길부터
우리의 작지만 큰 모험은 이렇게 다시 시작되고 있는 것이다.

작지만 큰 모험
―작은 짐으로도 충분합니다

―――

 우리는 거의 매 주말, 1박 2일 작은 여행을 떠난다. 최소한의 짐을 싣고 가볍게. 어떻게 보면 짧다고 생각할 수도 있는 주말 이틀, 물리적으로는 오래지 않은 시간이지만 그 농도는 매우 짙다. 이른 아침부터 밤까지의 시간을 오롯이 쓰기 때문일까, 자연에서는 시간이 천천히 가는 기분이라 그런 걸까. 어떨 땐 우리의 주말에는 다른 시계가 존재하는 기분이 들기도 한다.
처음엔 배낭 하나만 메고 시작했기에, 배낭에 들어갈 만큼만의 짐을 가져가야만 했다. 그래서 작게 시작했고, 습관이 돼서 뭐든 작게 접히거나 두세 가지의 역할을 해내는 물건들을 챙기곤 했다. 이제껏 내게 여행의 짐이란 캐리어에 넣는 것이었고, 그렇게 캐리어에 짐을 싸던 버릇으로 배낭을 꾸리려니 반도 채 넣지 못하고 꽉 차 버리기 일쑤였다. 궁여지책으로 작게 접어 부피를 줄이고, 물건과 물건 사이의 빈 공간을 활용하거나 배낭 바깥에 비너를 이용해 주렁주렁 달기도 했다. 넣었다 뺐다를 반복하며 꾸역꾸역 배낭 하나에 짐을 다 꾸리던 날, 결국 담긴 짐은 생활이 가능할까 싶을 정도로 적었다. 하지만 그렇게 뺐는데도 배낭 가득한 짐은 한 걸음 한 걸음을 옮길 때마다 나의 어깨를 무겁게 짓눌렀고, 마치 그건 내 인생의 무게처럼 느껴졌다. 분명 어젯밤 배낭을 꾸릴 땐 꼭 필요할 것만 같았는데, 정말 최소한의 물건만 챙겼다고 생각했는데. 그럴 때마다 깊은 탄식과 함께 드는 생각이 있다.

'감당하지도 못할 거면서 꾸역꾸역 짊어지고 가는 것이 비단 배낭의 짐뿐일까.'

그렇게 추리고 추린 베스트 멤버들인데도 이상하게 꼭 한두 개씩은 괜히 가져왔다 싶은 것들이 있다. 가져온 것보다 더 적은 짐만으로도 충분히 우린 생활할 수 있었던 거다. 집에 돌아가면서 다음 번엔 더 가벼워져야지, 더 내려놓고 와야지 다짐하고 반성한다. 우린 그 시간을 일명 '반성의 시간'이라고 한다. 그런 반성의 시간을 가지며 그때부터 다음 번 배낭 짐에 대한 이야기를 나누곤 한다.

뭘 덜어내야 할지, 어떻게 하면 더 효율적으로 짐을 수납할 수 있을지 등에 대해. 다음 번엔 지금보다 더 작은 짐을 짊어지고도, 한결 더 가볍고 즐겁게 떠날 수 있을까.

재밌게도, 캠핑을 끝내고 집에 돌아가는 길부터 우리의 작지만 큰 모험은 이렇게 다시 시작되고 있는 것이다.

어제 올라올 때 보았던 꽃들과 새싹들이
어쩐지 조금 더 활짝 피어난 것만 같다.

계절 속을
천천히 거닐다

―

 가볍게 걷고 싶은 계절, 오랜만에 배낭을 짊어지고 길을 나섰다. 간만의 산행이라 쉬운 코스를 골랐지만 낮은 오르막에도 탄식이 새어 나온다. 겨우내 급격히 떨어진 체력에 숨이 가빠지기 일쑤다. 불현듯 처음 배낭을 짊어지던 날이 오버랩 된다. 왠지 필요할 것 같아서 주섬주섬 짊어지고 왔던 것들의 무게에 허덕였던 첫 백패킹의 기억. 걸으면 걸을수록 내 어깨를 짓누르던 배낭의 무게가 마치 욕심의 무게처럼 느껴져 쓴 웃음이 자꾸만 나왔더랬다. 그때보다 짐은 간소해졌지만 약해진 체력에 당해낼 수가 없다. 올해는 좀 더 가볍게 다니리라, 배낭을 고쳐 메며 그리 다짐해본다.

호수가 내려다보이는 데크 전망대에 앉아 주먹밥과 삶은 달걀로 점심을 대신했다. 어젯밤 부지런히 챙겨온 정성덕분에 다시 기운을 차릴 수 있었다. 여유롭게 점심을 먹고 쉬다 보니 그새 이마에 맺힌 땀도 식어가고 뺨을 스치는 바람에 서늘함마저 느껴진다. 한낮은 햇살이 쨍쨍한데, 아침저녁으론 아직 쌀쌀한 계절임을 잠시 잊고 있었다. 예상보다 쌀쌀한 밤이 될 것 같은 예감이 들지만, 혹시나 챙겨온 우모 자켓과 동계 침낭, 핫팩이 내심 든든하다.

다음 날 일찍 철수할 계획이기에 최대한 아래쪽으로 내려와 사이트를 구축하기로 했다. 더 이상 사람들이 올라오지 않는 늦은 오후, 자리를 잡고 텐트를 치기 시작했다. 이제야 무거운 배낭을 내려놓고 꾸린 짐을 풀어본다. 하나하나 가져온 짐들을 펼쳐보면 다 필요한 것들인데, 이상하게도 매번 과하게만 느껴진다. 사실 동계 침낭의 부피 탓이 가장 크지만, 추위를 많이 타기에 보온은 늘 신경 써야만 한다. 동계 침낭과 우모 자켓, 핫팩 등 보온 용품을 챙겨야 하기 때문에 다른 짐은 최대한 줄였다.

백패킹의 살림은 미니멀 캠핑의 그것보다 훨씬 더 심플하다. 텐트를 치고, 매트에 바람을 훅훅 불어 바닥에 깔고, 침낭을 위에 펼쳐놓으면 끝. 의자도 따로 갖고 다니지 않고, 배낭의 등 부분에 탈 부착 할 수 있는 폼을 깔고 앉았다. 최소한의 짐을 짊어져야만 하는 백패킹에서는 이렇게 한 가지 아이템을 다양하게 활용하는 센스가 필요하다.

음식은 조리하지 않고 간단히 물만 끓일 수 있도록 빵과 커피, 주먹밥 등으로 준비했다. 쓰레기는 최소화하고 남기지 않을 정도로 딱 먹을 만큼만 준비하니 음식 짐이 확 줄었다. 다음 번 백패킹엔 버너, 코펠 등도 챙기지 않는 비화식 불을 사용하지 않는 조리 방식 으로 준비해 보려고 한다. 이번처럼 주먹밥, 삶은 달걀, 모닝 빵 등의 메뉴가 괜찮을 것 같다.

텐트를 치고 간단히 커피 한잔을 하고 나니, 그새 해가 지기 시작하면서 쌀쌀해졌다. 작게 접어 온 우모 자켓을 꺼내 입고, 익숙한 손길로 핫팩을 꺼내 착착 흔들어 주머니에 넣으니 금세 몸이 나른해진다. 푹신한 동계 침낭을 펼쳐놓은 자그마한 텐트 안은 적당히 아늑했고, 내일 아침 이른 하산을 위해 일찍 몸을 뉘였다. 두툼한 핫팩을 손에 꼭 쥐고 침낭 안으로 쏙 들어갔다. 유난히 길었던 하루의 피로가 사르르 침낭 속으로 녹아 드는 기분, 평소보다 이른 시간이었지만 밀려오는 노곤함에 푹 잠들었던 밤이었다.

이튿날 이른 아침, 아니 온 듯 깨끗하게 짐을 정리해 하산했다. 새벽녘의 푸르스름하던 하늘이 조금씩 선명하게 아침으로 피어 오른

다. 어제 올라올 때 보았던 꽃들과 새싹들이 어쩐지 조금 더 활짝 피어난 것만 같다. 다정하게 품을 내어준 자연에게 마음의 인사를 보내며, 자박자박 다시 길을 나섰다.

캠핑과 여행 사이를 오가는 차박 여행,
이렇게 우리의 캠핑도, 여행도 좀 더 가뿐해지는
작은 모험의 재미가 하나 더 늘어났다.

새로운 여행의 방법,
차박 여행

―――

자동차에서 먹고, 자고, 쉬는 차박을 즐기고부터 우리 여행의 방식이 조금씩 바뀌기 시작했다. 캠핑보단 가뿐하고 여행보단 조금 묵직한 차박 여행을 즐기게 된 것이다. 캠핑 짐보다는 접이식 의자와 테이블 정도만 챙기되, 요리는 하지 않는다. 가볍게 커피 한잔 정도씩 끓여 마실 정도의 커피 도구와 컵 등을 챙기면 끝. 식사는 지역 음식점에서 먹거나 포장해오면 요리하지 않아도 맛있는 음식을 먹을 수 있다.

하루는 자유로운 여행자처럼 차에서 먹고, 쉬고, 자는 차박으로, 하루는 조금 편하게 여행지의 게스트하우스나 호텔 등의 숙박업소를 이용하는 차박 여행은 캠핑만 하는 것과는 또 다른 가뿐한

느낌이 있다. 차박에선 조용하고 오붓한 휴식으로, 여행지에선 낯선 곳을 탐험하는 여행자로, 다양한 여행의 재미를 느낄 수 있기 때문이다. 단순히 차박만 하는 것보다 더 깊숙이 여행지에 스며들 수 있고, 여행만 하는 것보다는 조금 더 색다른 모험을 즐기는 기분이 든다.

장비도 마음도 가볍게 떠나고 싶을 때, 평소보다 조금 더 멀리 떠나보고 싶을 때, 이젠 자연스레 차박 여행을 떠올리게 됐다. 차박을 처음 도전하는 친구에게도 많은 장비를 구비하는 것보다도 캠핑의 느낌을 맛볼 수 있는 차박 여행을 먼저 추천해주곤 한다. 최소한의 것으로 시작해, 캠핑의 재미를 느낀 후에 장비는 차차 구비해도 늦지 않으니까.

캠핑과 여행 사이를 오가는 차박 여행. 이렇게 우리의 캠핑도, 여행도 좀 더 가뿐해지는 작은 모험의 재미가 하나 더 늘어났다.

첫 만남이지만

이곳에 마음 한 조각 놓아두고 싶어졌다

봄과 여름 사이,
섬으로

———

　봄에서 여름으로 향하는 계절이면 문득 섬으로 마음이 기운다. 너무 차갑지도, 뜨겁지도 않은 날씨가 섬과 잘 어울리기 때문이리라. 되도록 처음 가보는 곳이 좋겠다. 왠지 모를 낯섦이 우리를 섬으로 이끌었다. 배를 타기 위해 이른 아침 인천 연안부두로 향했다. 공항과 항구가 있는 도시 인천, 이곳을 통해 해외로 나가고 배를 타고 외딴 섬으로도 나갈 수 있다. 그래서일까, 마치 현실과 다른 세계를 이어주는 관문을 향하는 것처럼 인천을 갈 때마다 미지의 세계와 가까워지는 듯 설레곤 한다.
2시간여 배를 타고 오늘의 목적지인 대이작도에 도착했다. 서해의 다른 섬은 몇 번이고 가봤지만, 여기는 처음이다. 출발할 때만

해도 비가 내리고 잔뜩 흐렸던 하늘에 악천후를 각오하고 왔건만, 대이작도에 가까워질수록 하늘은 맑고 청명해졌다. 다년간의 아웃도어 활동을 하면서 오락가락한 날씨에는 이미 익숙해졌지만, 이렇게 예상치 못한 햇살엔 늘 무방비 상태로 미소가 새어나온다. 난데없는 소나기나 난데없는 햇살, 그 어떤 날씨라도 받아들이는 마음가짐을 그동안 자연에게서 배워왔기 때문일까.

항구에서 야영장이 있는 작은 풀안 해수욕장까지는 도보 30분 정도 거리다. 버스가 없는 작은 섬 대이작도에서는 걷거나, 자가용을 이용하거나 둘 중 하나다. 펜션 이용객들은 삼삼오오 마중 나온 펜션 차량을 타고, 백패커인 우리는 기분 좋은 햇살을 받으며 뚜벅뚜벅 걸어가기로 한다. 10분 정도 걸었을까, 아까 손님을 태우고 지나갔던 펜션 미니버스 문이 열리며 기사님이 어서 타라 손짓하신다. 어차피 가는 길이니까, 라며 무심한 듯 건넨 그 한 마디에 따뜻함이 절로 배어 나온다. 친절한 기사님 덕분에 편하게 작은 풀안 야영장에 도착했다. 해변이 바로 내려다보이는 소담하고 전망 좋은 야영장, 부지런히 첫 배를 타고 온 덕분에 아직 열 시도 채 되지 않은 시간이다. 해변 나무 방갈로에 짐을 풀고 잠시 쉬기로 한다. 맑게 갠 하늘과 푸른 바다, 제법 먼 곳으로 나온 것 마냥 이국적인 풍경에 나른해지고, 노곤한 기분에 낮잠이 쏟아질 것만 같다.

취사가 가능한 야영장이지만 음식은 데워먹을 수 있을 정도로만 준비했다. 메뉴는 구운 주먹밥과 순살 치킨. 소박한 백패커의 식탁이지만, 그늘막도 필요 없는 소나무 그늘 아래 있으니 이마저도 훌륭한 정찬이다. 다행히도 야영장 인근 매점과 식당도 정상 운영 중이라고 하니, 내심 든든해진다. 푸르른 바닷가 뷰에 깨끗한 화장실과 개수대, 거기에 매점과 식당까지 근처에 있는 야영장이라니. 첫 만남이지만 이곳에 마음 한 조각 놓아두고 싶어졌다.

해루질을 하는 이들의 바지런한 움직임으로 늦은 시간까지 분주하던 서해 밤바다. 잔뜩 흐리던 아침의 풍경은 꿈이었던 것처럼 밤하늘마저 맑고 반짝였다.

올해 처음으로 3계절 침낭을 가져왔다. 혹시 추울까 봐 우모 자켓과 핫팩을 챙겨왔는데, 바닷바람이 차긴 해도 3계절 침낭만으로도 괜찮을 것 같다. 이 정도로도 충분한 밤, 한결 가벼워진 계절이 이제야 실감이 난다. 바닷가와 한참 먼 곳에 자리했는데도, 텐트 안에 있으니 파도 소리가 더 가까이 들리는 것만 같다. 쏴아아, 쏴아아, 파도소리를 자장가 삼아 유난히 길었던 하루를 마무리 했다.

다음날 아침, 갈매기 소리를 알람 삼아 일찍 눈이 뜨였다. 도시에선 아침잠이 많은 나인데, 묘하게도 자연에만 오면 이렇게 일찍 눈이 떠진다. 부지런히 커피를 내리고, 토스트를 굽고, 소시지를 구워 아침을 마련했다. 오후 배라 시간은 여유 있지만, 섬을 좀 더 둘러보고 싶어 아침부터 조금 바지런히 움직여보기로 했다. 음식도 다 먹었고, 물도 마신 덕분에 올 때보다 배낭 부피가 많이 줄었다.

가벼워진 배낭을 메고 섬 이곳 저곳을 둘러봤다. 점심엔 인근 식당에 들러 해물이 잔뜩 들어간 칼국수도 먹었는데, 해물의 종류가 도시와는 사뭇 다른 것이 신기하다. 인심 좋게 내어주시던 반찬들과 푸짐한 정성에 마음까지 푸근해졌다. 백패킹이나 캠핑을 할 때 꼭 한 끼 정도는 캠핑장 인근 음식점에서 맛보는 재미가 있다. 이렇게 자연스레 지역의 음식을 맛보면 조금이나마 이곳과 가까워지는 마음이 들곤 하는 것.

인천으로 돌아가는 배에 올라타, 멀어지는 섬을 바라보았다. 고작 1박 2일 있었을 뿐인데도 벌써부터 그립고 아련해진다. 또 이곳에 마음을 줘버렸구나, 싶어 슬며시 웃음이 나왔다.

꼭 필요한 짐들만 꾸려 가볍게 떠나는 여행은

더 멀리, 더 오래,

자연에 머물 수 있게 해 줬다.

배낭의 무게가
인생의 무게

———

　백패킹으로 캠핑을 시작한 우리에게 가벼움이란 늘 따라다니는 주제였다. 배낭을 꾸리기 전에 짐을 바닥에 늘여놓고 꼭 필요한 것들만 골라내고, 그러면서도 무겁지 않아야 한다는 건 쉽지 않은 일이었다. 그렇게 골라낸 짐들 중에서도 꼭 불필요한 것들이 하나씩은 나오곤 하기에, 매번 배낭을 쌀 때마다 고심할 수밖에 없었다.

가벼운 짐으로 떠나는 백패킹, 즉 경량 백패킹 (BPL Backpacking Light)은 우리가 추구하는 캠핑 스타일과 아주 잘 맞았다. 우리가 경량 백패킹을 좋아했던 이유는 무게보다도 '간소함'에 있었다.

백패킹 초기, 배낭의 무게에 짓눌려 하이킹의 즐거움을 즐기지 못했던 때가 있었다. 무게는 생각하지 않고 이것저것 넣을 수 있는 짐은 최대한 넣은 배낭은 걸을 때마다 내 어깨를 짓눌렀고, 그럴 때마다 즐거워야 할 하이킹은 마치 고행처럼 느껴지곤 했었다. 주변의 풍경을 볼 틈이 없는 건 물론이고, 텐트를 치고 나면 피곤해서 곯아떨어지기 바빴던 시절. 배낭 하나에 가뿐하게 짐을 꾸리는 건 마치

인생의 숙제처럼 느껴지곤 했었다. 배낭의 무게가, 가져오고도 쓰지 않은 물건들이 꼭 내가 놓지 못하는 욕심들인 것만 같았기에.
이후로 조금씩 짐을 줄이고 간소하게 짐을 꾸리기 시작하면서 우리의 걸음은 가벼워졌고, 자연을 더 가깝게 느낄 수 있었다. 처음엔 티탄 같은 가벼운 소재로 무게를 줄이려고 했다면, 점점 가짓수를 줄여가며 무게를 조절했다. 꼭 필요한 물건인지, 다용도로 활용

가능한지, 장비에 대해 여러모로 궁리하기 시작한 것이다. 침낭이나 텐트, 매트, 컵 등의 기본적인 장비부터 구급약 등 안전장비까지. 되도록 작게 접어 배낭 여기저기 수납할 수 있는 제품을 선호했고, 우리의 배낭은 한결 가벼워지기 시작했다. 꼭 필요한 짐들만 꾸려 가볍게 떠나는 여행은 더 멀리, 더 오래, 자연에 머물 수 있게 해줬다. 짐이 적을수록 세팅과 철수도 빨라졌고, 자연 속 우리의 휴식 시간은 더 길어졌다.

최소한의 짐으로 간소하게 떠나는 것은 때론 약간의 불편함을 동반했으나, 오히려 일상으로부터 멀어진 느낌을 주기에 더 좋을 때가 많았다. 포기한 것에 대한 아쉬움보다는 가진 것에 대한 감사함이 더 컸다. 적은 것으로도 충분하다는 안도감과 가뿐함은 우리 삶도 간소하게 살아갈 수 있다는 지혜를 알려주었다.

이토록 맛있는 커피로 시작하는 우리의 아침은

늘 기분 좋을 수 밖에.

커피의
맛
—

    캠핑 음식 짐은 간소하게 꾸리려고 노력하지만, 아끼지 않고 넉넉하게 챙기는 것이 딱 하나 있다. 바로 커피. 원두를 직접 갈아 먹기도 하고, 드립백이나 인스턴트 커피처럼 간편한 타입도 만약을 대비해 챙기곤 한다. 캠핑할 때 술을 잘 마시지 않는 편인 우리에게 커피는 필수 준비물이기 때문이다.

평소에도 커피를 즐겨 마시지만, 어쩐지 캠핑에서 마시는 커피는 더 맛있다. 특히 아침에 마시는 커피는 꼭 캠핑의 의식 같은 기분이다. 천천히 준비하고 느긋하게 마시는 커피의 맛. 이걸 마셔야 제대로 아침을 맞이하는 것처럼 느껴진다. 요즘엔 주로 원두를 챙겨와 가는 것부터 시작한다. 원두를 가는 것부터 하나하나 해나가는 과정이 꼭 텐트부터 치기 시작하는 캠핑과 닮은 꼴이다. 그래서 캠핑의 일과처럼 자연스러웠던 걸까.

드륵드륵 신선한 원두를 갈아, 핸드드립으로 쪼르륵 내려 마시는 커피. 갈아놓은 원두 위에 휘익 뜨거운 물을 한번 내려 원두를 불려주는 시간. 신선한 원두일수록 뽀오얗게 머핀 모양의 거품이 올라오는데, 뽀글뽀글 올라오는 거품을 보면 솜사탕 만드는 모습을 보는 아이처럼 설레곤 한다. 쪼르르륵 캠핑 머그에 커피가 내려오는 소리는 제법 리드미컬하고 경쾌하기까지. 도시에선 들리지 않았던 소리가 자연에선 선명하게 울려 퍼지는 건, 우리의 감각이 그만큼 깨어있는 탓 일까. 작은 소리도 귀 기울일 수 있는 여유 덕분일까.

이토록 맛있는 커피로 시작하는 우리의 아침은 늘 기분 좋을 수밖에. 아마도 그 아침은 주말의 캠핑을 위해 신선한 원두를 준비하는 평일의 나로부터 이미 시작되고 있었는지도 모른다.

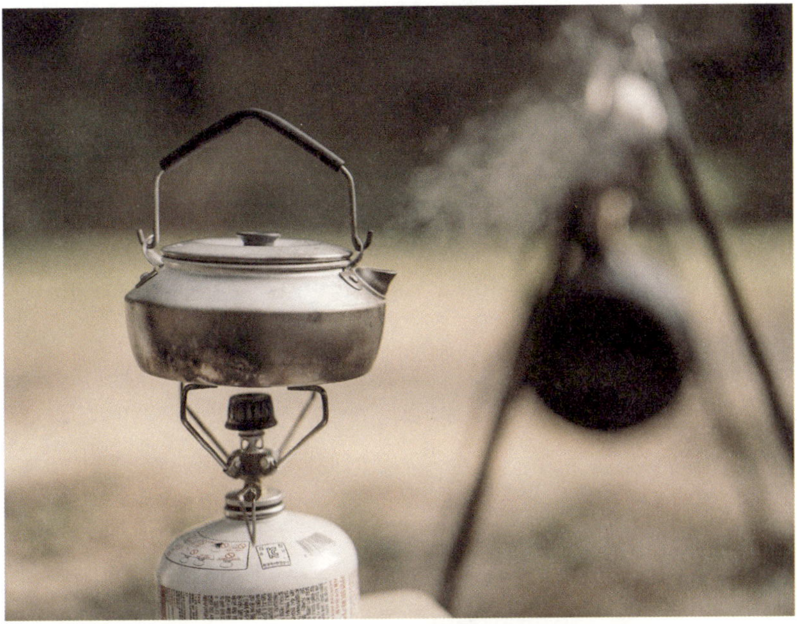

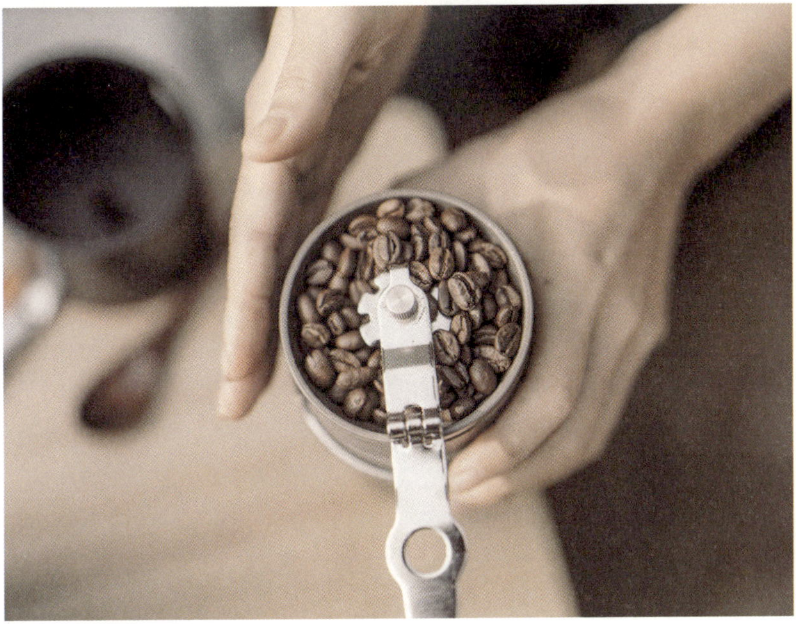

잠시 일상에서 벗어나,
나에게 여백을 주었다는 것만으로도
어쩐지 위로가 된다.

일상에 캠핑 한 스푼,
캠프닉

―

촘촘히 짜여있는 평일의 일상 속 고단함을 달래는 방법, 우리에겐 그것이 캠핑이었다. 마음만은 매 주말 캠핑을 떠나기 위해 짐을 꾸리지만, 현실적으로 그러지 못할 때가 많은 게 사실이다. 그럴 땐 풀 죽기 보다는 가볍게 근처로 캠프닉(캠핑+피크닉)을 떠나본다. 마음만은 캠핑을 떠나는 것처럼, 그렇게.
준비물은 그때그때 조금씩 다르지만 기본적으로 의자와 테이블, 그리고 캠핑 머그와 시에라 등의 식기와 간단한 간식을 챙기면 끝. 차를 가져갈 때도 있고, 자전거를 타고 가거나 이도 저도 여의치 않을 땐 배낭 하나만 둘러메는 것도 괜찮다. 바쁜 일상 속 잠깐 시간을 쪼개어 '작은 일탈'을 감행했다는 것만으로도 충분하니까.

익숙한 손놀림으로 접이식 의자를 착착 펴고, 테이블 위에 캠핑 머그와 시에라컵을 올려놓는다. 간단한 간식과 함께 커피를 한잔 머금을 때면 그리 멀지 않은 곳을 가더라도 제법 멀리 떠나온 것 같은 기분이 든다. 비록 현실은 집 근처 공원이나 한강일지라도, 우리의 마음만은 이미 캠핑의 에너지를 담뿍 받은 것만 같이 두둥실 떠오른다. 대단한 걸 하지 않아도 잠시 일상에서 벗어나, 나에게 여백을 주었다는 것만으로도 어쩐지 위로가 되기에.

그렇게 잠시 쉼표를 찍고 돌아오면, 신기하게도 우리의 시간은 더 풍요로워진다. 촘촘한 일상의 시간을 조금 느슨하게, 그렇게 쉬어갈 수 있는 여유는 누구에게나 필요한 순간일 것이다. 어떤 떠남에도 망설이지 않고 기꺼이 길을 나서는 마음가짐을 품고 있는 것이 중요하다. 언제든 어디든 떠남 앞에 주저하지 않는 그 마음을 언제까지고 잊지 않는 우리들이길.

그 어느 곳에 가서도 눈과 귀를 열어두고
자연스럽게 그 속에 젖어드는 것.
잠시 나만의 섬에 다녀오는 작은 여행처럼 느껴지는 시간.

멍 때리기의
힘

―――

　누군가 캠핑의 일과 중 가장 좋아하는 시간에 대해 물어본다면, 나는 단연코 불멍 불을 보면서 멍하니 앉아 있는 행위 이라고 자신 있게 말할 수 있다. 불을 보면서 멍하니 앉아 있다 보면 시간 가는 줄 모르고 빠져든 경험, 다들 한번쯤은 있을 것이다. 타닥타닥 장작이 타는 소리와 주홍빛으로 타오르는 불빛을 바라보면 자연스레 아무 생각이 없어지곤 한다. 아스라이 타오르는 불꽃에 여러 장면들이 파노라마처럼 나왔다가 또 사라져버리곤 하는 것. 신기하게도 매번 불멍을 할 때마다 보이는 풍경들이 다르다.
어떨 땐 그 속에 어린 시절의 나도 있고, 며칠 동안 머릿속을 떠나지 않던 고민들도 있고, 때론 빠져들 것 같이 영롱한 주홍빛만

이 비치기도 한다. 아마도 그때 그때마다 나에게만 보이는 이야기들이 불 속에서 펼쳐지고 있는 것이리라. 잔뜩 쌓인 장작을 하나 둘씩 화로대에 넣을 때마다 고민과 걱정을 던져 넣는 기분이 들고, 타닥타닥 고민과 걱정도 장작과 함께 타버리는 것만 같다.

처음엔 그렇게 불멍으로 멍 때리기를 시작했다. 멍하니 불을 바라보며 앉아있자면 아무 생각도 나지 않고 마음이 차분해졌다. 그럴 때면 맑은 물로 머릿속을 한번 씻은 듯 개운해지곤 했는데, 처음에만 해도 그게 멍 때리기 덕분인진 몰랐다. 일상에서 켜켜이 쌓인 온갖 고민들이 장작과 함께 타버리는 것 같은 기분. 일종의 정화 의식처럼, 불멍을 통해 일상의 찌꺼기를 비워내고 다시 삶의 조각들을 차곡차곡 쌓아 올릴 수 있었다.

불멍의 재미를 느낀 나는 백패킹이나 겨울캠핑처럼 불을 피울 수 없을 때면 조금 울적해지기도 했다. 다행히도 다년간의 불멍을 통해 이미 멍 때리는 게 익숙해져서 인지, 굳이 불을 피우지 않아도 잠시 먼 산을 바라보며 멍하니 앉아있는 것만으로도 참 좋았다. 혼자만의 우주를 유영하는 시간, 나도 모르게 멍 때리는 훈련이 돼 있던 모양이다. 숲으로 갈 땐 숲을 바라보며 숲멍, 계곡이나 바닷가로 갈 땐 물을 바라보며 물멍, 그 어느 곳에 가서도 눈과 귀를 열어두고 자연스럽게 그 속에 젖어 드는 것. 잠시 나만의 섬에 다녀오는

작은 여행처럼 느껴지는 시간.

너무 분주하게 사는 우리에겐 잠시 쉴 틈이 필요하다. 계속 전속력으로 달리다 보면 숨이 가쁘고 빨리 지쳐버리곤 한다. 아무것도 하지 않는 '잠깐 멈춤'의 시간으로 나에게 휴식을, 걸을 시간을 주는 것이 필요하다. 제대로 쉬어줘야 제대로 더 달려 나갈 수 있으니까. 멍 때리기엔 그런 힘이 있다. 다시 채울 수 있도록 비워내는 시간, 우리에겐 잠시 아무것도 하지 않을 시간이 필요하다.

초록이 가득하고, 낮은 길고 밤은 짧은 계절.
태양이 한껏 내려 쬐는 한낮도 무모한 청춘의 한때마냥
곧 지나가겠지 싶어지는 것.
정말이지, 마냥 좋아지는 덴 이유가 없다.

여름의
시작

―

　계절을 나는 방법은 크게 두 가지로 나뉜다. 계절을 최대한 피하던가, 아니면 계절 속으로 풍덩 뛰어들던가. 우리는 곁에 다가온 뜨거운 계절, 여름을 힘껏 껴안아보기로 했다. 자그마한 그늘 한 점이 다디달고, 자연이 매일이 다르게 푸르러지며, 모든 것이 선명하게 빛나는 계절. 여름은 어느새 성큼 우리 곁에 와있었다. 다가온 여름을 맞아 우리는 남쪽으로 향했다. 우리가 사랑하는 계절, 여름 속으로 풍덩 뛰어들기로 한 것이다.
오랜만에 찾은 남해는 여전히 정겨웠고, 여전히 뜨거웠다. 아무리 여름 속으로 뛰어든다지만 한낮의 볕은 도저히 이길 수가 없다. 바닷가를 마주 한 솔숲 캠핑장에 오늘의 집을 짓고 한숨을 돌

린다. 자연스레 나무 그늘 아래로 자리를 잡고 살랑 불어오는 바닷바람에 기분 좋은 노곤함을 즐겨본다.

어린 시절엔 더운 게 너무 싫어서 여름 나는 걸 가장 괴로워했다. 생각해보면 그 시절에나 가능했던 일들, 가령 식구들 다 같이 한강으로 나가서 텐트를 치고 잤던 일이랄지, 좁은 차 안에 꽉꽉 들어차고도 좋다고 꺄르르 대며 계곡이나 강원도로 피서를 갔던 추억 모두 여름날의 기억들이다. 괴로움보다 즐겁고 행복했던 기억이 더 많았던 여름날을 어느샌가 잊고 살았다. 그랬던 내가 캠핑을 하면서

다시 여름을 좋아하기 시작했다. 초록이 가득하고, 낮은 길고 밤은 짧은 계절. 태양이 한껏 내려 쬐는 한낮도 무모한 청춘의 한때마냥 곧 지나가겠지 싶어지는 것. 정말이지, 마냥 좋아지는 덴 이유가 없다. 아직 개장 전인 해수욕장은 손님 맞을 준비에 한창이고, 덕분에 아직 한가한 바닷가는 온통 우리 차지였다. 나무 그늘에 앉아 멍하니 바다를 바라본다. 이런 바다 '물멍'은 정말 오랜만이다. 손에 잡힐 듯 가까운 바다 건너편엔 여수의 도시 풍경으로 가득하다. 예전엔 배를 타고 건너가기도 했다는데, 정말 그럴 법할 정도로 가까운 느

낌이다. 바다를 사이에 두고 이렇게 다른 풍경을 하고 있다니, 여수에서 우리를 바라보면 어떤 느낌일까 문득 궁금해진다. 건너편 도시의 분주함이 남의 일 마냥 멀게만 느껴지는 지금. 바다를 사이에 두고 화려한 여수의 시간과 남해의 느긋한 시간 사이에 분명 무언가 흐르고 있으리라.

캠핑장엔 유독 고양이들이 많았다. 유유히 바닷가를 산책하는 고양이도, 닮은 얼굴로 무리 지어 다니는 고양이 가족도, 쭈뼛쭈뼛 근처만 맴돌며 곁을 내어주지 않던 고양이도, 우리에게 호기심 어린 눈빛을 보내며 관심을 보였다. 마치 자기들의 영역에 들어온 우리를 파악하려는 듯 근처를 맴돌던 고양이들. 그랬던 녀석들은 밤엔 모닥불 근처에서 함께 불멍을 즐길 정도로 퍽 친해졌다. 모닥불 곁 끊이지 않았던 고양이들의 릴레이 방문, 생각지도 못했던 낯선 따뜻함이 뭉클, 하고 가슴 속으로 스며들었다.

해가 쨍쨍한 한낮에는 하릴없이 그늘 아래 앉아 있고, 뜨거운 기운이 가시고 나서야 조금씩 움직이기 시작하는 계절, 여름. 그것도 남해의 여름으로 시작한 올여름은 어쩐지 더 계절 속에서 머물고 싶단 기분이 든다. 뜨거운 계절이어도 부지런히 숲으로, 바다로 다녀보겠다는 말이다. 여름이라 뜨겁고 여름이라 더운 것을 자연스레 받아들이며 여름이라 더 좋은 것들을 잔뜩 찾아내고야 말겠다는 마음으로, 올여름을 보내보려고 한다. 아무튼 푸르고 좋은 계절, 여름이니까.

우리의 어떤 모험에도 늘 함께 하는 장비들은
이제 단순한 도구의 의미를 넘어,
캠핑 친구 같은 느낌이 들곤 한다.

손때 묻은
캠핑 도구들

―

 캠핑을 시작한지 얼마 되지 않았을 때, 우리의 낙은 캠핑 샵 구경 가는 것이었다. 매번 새로운 제품이 들어오는 것도 아닌데 구경하는 것만으로도 즐거운 일이었다. 처음 장비를 하나하나 갖출 때는 마치 살림살이를 들이는 것처럼 든든하고 뿌듯했다. 소꿉놀이에나 쓸 법한 아기자기한 캠핑 장비들을 실제 캠핑에서 유용하게 사용할 때면 괜시리 아이처럼 들뜨곤 했다.
우리는 장비를 자주 바꾸는 편은 아니라서 아직도 그때 마련한 장비들은 잘 쓰고 있다. 부서지거나 못 쓰게 되지 않는 이상, 되도록 한번 들인 장비의 쓰임새를 잘 살려보려고 하는 편이기에. 이유 없이, 쓰임새 없이 만들어진 도구는 없을 테니, 장비를 골똘히 살피고 사용해보려고 한다.

수저부터 컵, 코펠, 버너, 침낭, 배낭 등.. 시작이 백패킹이다 보니 장비도 작고 가벼워서 자전거 캠핑이나 오토캠핑, 차박에도 유용하게 쓰고 있다. 우리의 어떤 모험에도 늘 함께 하는 장비들은 이제 단순한 도구의 의미를 넘어, 캠핑 친구 같은 느낌이 들곤 한다. 어딜 가든, 어떤 캠핑의 형태든, 늘 우리와 함께 하는 손때 묻은 캠핑 도구들에는 우리의 추억과 이야기가 함께 담겨 있다.

비록 오래 써서 겉모습은 낡았고, 더 이상 반짝이고 새로운 도구는 아닐지라도, 새 것과는 바꿀 수 없는 특별함이 있다. 캠핑 친구들의 색이 바래고 낡아질수록, 더 깊고 진해질 우리의 우정. 함께 나이 들어가는 손때 묻은 캠핑 도구들과 함께 할 앞으로의 모험도 기대되는 이유다.

우린 그대로 바위에 걸터앉아
한참을 멍하니 물소리, 새소리를 들으며
계곡 속에 녹아들었다.

이끌리듯,
계곡 차박캠핑

———

언젠가부터 여름이면 이끌리듯 계곡으로 향하곤 했다. 굽이굽이 산 속에서부터 흐르는 계곡 물줄기의 힘찬 움직임을 봐야만, 그제야 여름이 제대로 느껴지곤 하는 것. 올여름의 시작에도 어김없이 계곡으로 향했다.

우리는 백패킹, 브롬핑, 미니멀 캠핑 등 다양한 형태의 캠핑을 즐기고 있는데, 요즘엔 차박의 재미에 포옥 빠졌다. 단순한 이동수단이라는 역할을 넘어 텐트의 역할까지 해주는 차박은 간소한 캠핑을 다니는 우리에게 아주 잘 맞았다. 그동안 다양한 차량으로 차박을 하면서 노하우가 쌓인 덕분에 이젠 제법 차에서 자는 게 익숙하다. 요즘 언택트 여행의 일환으로 차박을 즐기는 이들

이 많아졌다. 차박을 통해 캠핑에 입문하기도 하고, 차박을 즐기기 위해 차를 바꾸는 경우도 왕왕 있다고. 그래서인지 요즘엔 캠핑장을 가도 차박을 하는 이들을 어렵지 않게 만날 수 있다. 오늘은 그늘막이 되어줄 쉘터에서 쉬고, 잠은 차에서 자기로 했다. 우리가 자리 잡은 사이트는 입구 쪽이라 캠핑장을 오는 이들이라면 무조건 지나쳐야 하는 곳이다. 요즘처럼 캠핑장 예약하기가 하늘의 별따기인 때, 선착순 입장 찬스로 아침 일찍 출발해서 온 덕에 자리를 잡을 수 있었다. 차 옆에 쉘터도 쳐놓고 바지런히 캠핑의 일과를 하고 있을 때였다. 익숙한 차 한 대가 우리 앞에 멈춰 섰고, 종종 캠핑을 함께 했던 지인이 반가운 얼굴로 인사를 했다.

-오랜만이야!
-잘 지냈어?

우연한 만남이지만 마치 약속이라도 한 듯 계곡을 찾은 우리의 모습에 반가운 웃음이 나왔다. 가끔 이렇게 캠핑장에서 지인들을 만날 때면 괜스레 더 반갑다. 나란했던 서로의 시간이 겹쳐지는 이런 순간은 그저 단순한 우연이라고 말하기엔 좀 더 묵직한 서로의 교차점일테니.

매번 간소하게 먹던 우리지만, 오늘은 좀 든든히 먹어두기로 했다. 계곡에서 실컷 물놀이를 하려면 체력을 비축해놔야 할 것 같아서. 생각해보면 어린 시절 수영장에 가기 전에도 그랬다. 한참 놀다 보면 갑자기 허기가 몰려올 때가 있는데, 물에서 나가기 싫어 배고픔을 참고 놀다가 체력이 방전된 적이 한두 번이 아니었다. 이제 어른이 됐다고 배고프기 전에 든든히 먹어두는 나름의 지혜가 생겼다.

물놀이 전에는 든든히 먹어둘 것, 놀 때는 늘 이렇게 진지하고 전투적이다. 암, 제대로 놀려면 이래야 한다.

점심메뉴는 부대찌개. 바글바글 육수가 끓으면 준비해온 각종 햄을 송송 썰어 넣고 라면 사리까지 퐁당 넣어 좀 더 끓인다. 굳이 레시피랄 것도 없는 단순한 음식이라, 캠핑 초기에 참 자주도 해먹었던 메뉴다. 든든하게 먹었으니 이제 물놀이를 하러 가봐야겠다.

도시에선 에어컨을 틀지 않으면 안 될 날씨였건만, 계곡엔 시원함을 넘어 서늘하기까지 한 공기가 감돌았다. 물놀이 할 만반의 준비를 하고 계곡에 발을 담궜는데 이런, 너무 차갑다. 그래도 계곡까지 왔는데 이대로 가긴 아쉬워 무릎까지 들어가 보았지만, 추워서 더 들어가긴 무리일 것 같다. 도시의 더위에 지쳐서 계곡에 가면 실컷 물놀이를 하리라 다짐하고 왔는데, 계곡은 공기만으로도 더위를 식히기에 충분했다. 우린 그대로 바위에 걸터앉아 발만 담그고선 한참을 멍하니 물소리, 새소리를 들으며 계곡 속에 녹아 들었다. 도시에서의 종종거림과 뜨거우리만치 과했던 마음들도 한 겹 한 겹 내려놓으며. 그것만으로도 우리에겐 충분했다.

아무것도 하지 않아도, 여름의 계곡 안에 있다는 것만으로도 말이다.

계절의 한가운데서, 먹는 '그때 딱 좋은 맛'은
굳이 비싼 레스토랑에 가지 않아도,
캠핑에서 즐길 수 있는 소박한 즐거움이다.

텐트 속 작은 부엌,
간단 캠핑 요리

―――

 기본적으로 미니멀 캠핑을 즐기기에 음식도 간단하게 준비하는 편이다. 움직임이 적은 오토캠핑에서는 정량보다 조금 부족하게 음식을 준비해, 맛있게 나누어 먹고 남기지 않는 것이 나름의 원칙. 조금 아쉬운 정도가 음식도 더 맛있게 느껴지고 남길 일도 없으니 딱 좋다. 재료도 요리에 필요한 만큼만 준비하는데, 그래야 쓰레기도 덜 버리고 정리할 때도 깔끔하다. 이렇게 캠핑 전날 미리 끼니를 계산해보며 음식 짐을 꾸리는 것도 즐거운 일이다. 나만의 방식으로 재료를 분류하고 준비해두는 소소한 재미까지, 이때부터 나의 캠핑은 이미 시작되고 있는 셈이다.
준비한 재료를 적재적소에 사용하고 난 후, 빈 음식 꾸러미를 보면 괜스레 뿌듯하기까지 하다. 캠핑에서는 남는 재료나 음식은 거의 버려지기 일쑤인데, 그럴 때면 괜히 죄지은 것처럼 마음이 무거워지곤 한다. 음식은 필요한 만큼만 준비하고 부족하면 부족한대로 즐기는 것도 괜찮다. 오히려 남아서 버리는 것보단 훨씬 나은 선택이 될 것이다. 우린 버리기 위해서가 아니라 채우기 위해 캠핑을 하는 것이기에.

집의 부엌에 비해 부족한 것 투성이인 텐트 안의 살림, 그래서 최소한의 재료와 도구로 즐길 수 있는 요리를 선호한다. 캠핑에서 요리를 하다 보면 소꿉놀이를 하는 기분이 들 정도로 요리 도구들도 작고 심플하다. 그렇게 아기자기한 도구들로 몇 번을 오가며 요리할 때면 커다란 팬이나 냄비가 그리울 때도 있다, 솔직히 가끔은 말이다. 그렇기에 나에게 있어 캠핑의 요리와 집의 요리는 조금 다른 느낌이다. 우리를 너무 지치지 않게 해야 하고, 그러면서도 맛있어야 한다는 게 캠핑 음식이 갖춰야 할 덕목일 테다. 그런 면에서 가장 좋아하는 캠핑요리는 미니 피자다. 또띠아로 피자 도우를 대신하고, 견과류와 꿀, 치즈를 넣어 간편하게 만드는 미니 피자는 그야말로 꿀맛이다. 신중하게 불 조절을 하며 골고루 치즈가 도우에 배어듦을 기다리는 시간. 단순한 과정이라도 오롯이 요리에만 집중하게 되는 사소한 시간마저 캠핑의 즐거움이 돼 준다.

계절마다 제철음식을 맛보는 재미도 있다. 자연 속에서 즐기는 계절의 맛은 그 어떤 화려한 메뉴와 비교할 수 없을 정도다. 대단한 요리가 아니더라도 제철 과일이나 식자재를 이용하는 것만으로도 색다른 재미가 있다. 계절의 한가운데에서 먹는 '그때 딱 좋은 맛'은 굳이 비싼 레스토랑에 가지 않아도, 캠핑에서 즐길 수 있는 소박한 즐거움이 돼준다.

사계절 중에 가장 요리를 많이 하는 계절은 역시 겨울이다. 쉘터 생활을 하는 겨울 캠핑엔 난방을 위해 등유난로나 화목난로를 켜놓곤 하는데, 이 난로들은 제법 훌륭한 화구가 돼준다. 나무를 넣어 사용하는 화목난로는 평소에 사용하는 버너보다도 화력이 세고, 상판의 열기가 균등해서 요리하기 딱 좋다. 불이 약하다 싶으면 나무를 더 넣어 화력을 높이는데, 그럴때면 마치 아궁이 같은 느낌도 들곤 하는 것. 긴긴 겨울밤, 뭐든 금방 끓어오르는 화목난로 상판에서 어묵탕이나 전골 같은 따끈한 국물요리를 끓여먹곤 하는 재미가 있다.

그런 화목난로에 비해 등유난로 상판의 열기는 요리보다는 물을 끓이거나 고구마를 구워먹는 정도에 적합한 정도다. 겨울의 시작이면 으레 끓이곤 하는 뱅쇼는 오렌지나 귤, 레몬, 사과 등의 과일과 시나몬, 정향, 통후추 등의 향신료와 와인을 준비해서 함께 넣고 끓여주기만 하면 되는 간단한 겨울 음료. 보글보글 오래 끓여 알콜이 모두 날아가고 과일과 향신료의 맛이 뭉근하게 배어든 뱅쇼 한잔을 머금고 나면, 나도 모르게 미소가 절로 나온다. 주전자 속에 켜켜이 쌓아 넣은 모든 재료의 정성이 오롯이 배어들어 있는 이 한잔이, 나에게 '자, 이제 겨울이야.' 하고 속삭이는 듯 하기에.

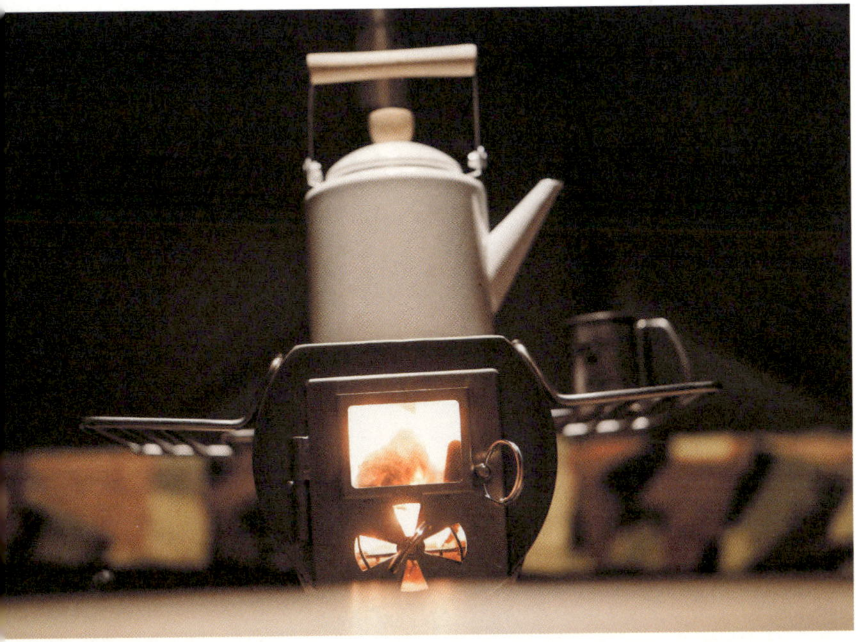

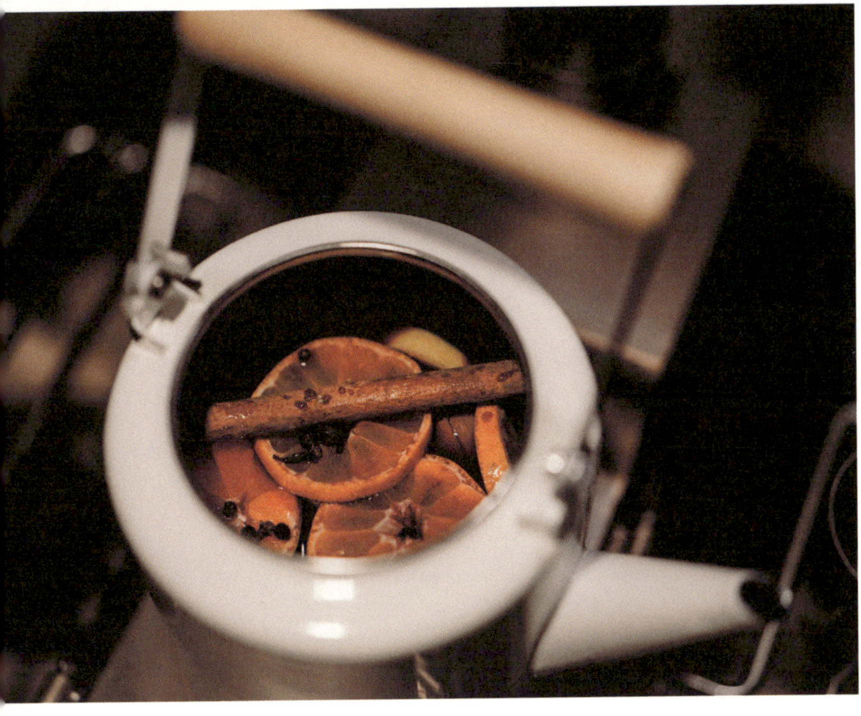

평일을 잘 버티고 겪어낸 이에게 주어지는
달콤한 막대사탕 같은 보상이
우리에겐 바로 주말의 캠핑이었을 테다.

우리의
주말
———

    우리의 마음은 늘 주말에 기울어있고, 평일에는 사랑하는 주말을 향해 열심히 달려가고 있다. 5일의 평일보다 훨씬 짧은 이틀의 시간이지만, 물리적인 의미보다도 훨씬 깊고 밀도 있는 주말의 존재감. 누구보다도 즐겁게 보내리라 하고, 아마도 월요일 아침부터 다짐하는 것 같다. 이번 주말은 꼭 지난 주보다도 더 알차게 보내야지 하면서 말이다.

캠핑을 막 시작했을 때는 그랬다. 짧은 주말이 너무도 아쉬워서 주말에는 어디론가 나가서 캠핑을 했고, 아침부터 저녁까지 하루하루를 아주 길게 보냈다. 조금이라도 주말의 시간을 허투루 쓰고 싶지 않았으니까. 그렇게 얻은 주말의 에너지로 주중을 이겨나가며 삶의 밸런스를 맞춰 나갔다. 캠핑하러 나가지 못할 때면 괜스레 울적해지고 다음 주를 버텨낼 일이 막막할 때도 있었다. 그만큼 캠핑에 치유 받았고, 많이 의지했던 것.

생각해보면 주말이 그렇게 짧고 아쉽기 때문에 더욱 달콤하게 느껴지는 게 아닐까. 주중의 힘듦을 꾸욱 참아 냈기에, 싫은 것도 참고 견뎌냈기에 주말이 더 달디 달게 느껴지는 것. 평일을 잘 버티고 겪어낸 이에게 주어지는 달콤한 막대사탕 같은 보상이 우리에겐 바로 주말의 캠핑이었을 테다.

이제 매주 나가진 못해도 다음 캠핑에 대한 기대와 다녀온 에너지를 야곰야곰 꺼내먹는 즐거움도 있단 걸 안다. 캠핑하는 주, 지난주의 장비를 정리하고 다음 주를 기약하며 쉬어가는 주, 모두 캠핑과 연결되어 있는 사랑스러운 주말이리라.

가족과 함께 하는 캠핑,
익숙한 장면에 익숙한 얼굴이 덧입혀지니
이것도 제법 자연스러운 풍경처럼 느껴진다.

오붓하게,
때때로 가족캠핑

―――

조용한 둘만의 캠핑도 좋지만, 때로는 왁자지껄 여럿이 함께 하는 캠핑도 좋다. 제법 많은 양의 음식을 챙기고, 상대방이 좋아할만한 것들을 챙기는 마음만으로도 충분히 설레고 즐거워지는 것. 오늘은 가족과 함께 하는 첫 캠핑, 어쩐지 다정한 여름밤이 될 것만 같다.

거의 매주 자연 속에서 하루의 집을 짓는 캠핑을 하지만, 주로 조용하게 쉬고 오는지라 음식도, 장비도 늘 간소하게 챙기곤 했다. 하지만 오늘은 특별한 손님을 초대한 날이기에 모든 것을 넉넉하게 꾸려보았다. 캠핑을 처음 해보는 친오빠네 가족이 함께 하기로 했기 때문. 이제 7살이 된 조카가 부쩍 캠핑에 관심을 보이

기 시작해, 일일 캠핑 체험을 해보기로 한 것이다. 요즘 캠핑 인구가 많이 늘었다고 하던데, 드디어 우리 가족 중에서도 캠핑 동지가 생기는 걸까, 생각만으로도 기분이 좋아진다. 좋은 건 함께 나눠야 몇 배 더 좋아지는 법이니까.

특별한 손님을 위해 평소보다 더 큰 텐트와 장비들을 준비했다. 덕분에 아침부터 세팅하느라 이마에 땀이 송글송글 맺혔지만, 기뻐할 조카의 얼굴을 떠올리니 힘이 절로 난다. 아이스박스에 가득 음식을 챙기고, 의자도 넉넉히. 컵과 식기 등등 식구가 느니 은근히 챙길게 많다. 이때 오빠에게 걸려온 전화 한 통,

-뭐 필요한 거 없어?

-응, 괜찮아. 그냥 몸만 와~

괜한 거들먹이었을지도 모르겠지만, 캠핑의 시작이 번거로움이 아니라 즐거움이었으면 하는 마음에 가볍게 오라고 말해주었다. 자칫 짐의 무게에 눌려 캠핑의 즐거움을 누리지 못하면 안되니까. 여름 캠핑이 처음인 오빠네 가족을 배려해, 해가 질 무렵쯤 올 것을 당부했다. 자연의 여름은 도시의 그것과는 무척 다르기에, 익숙하지 않은 이들에겐 고역일 수 있다. 그동안 우리는 그늘막 아래, 나무 그늘 아래, 텐트 안을 오며 가며 여름 볕을 피해 다녔다. 그 중 제일은 역시 나무 그늘 아래. 선선한 바람 맞으며 나무 그늘 아래서 베어 무는 수박의 맛이란. 역시 자연은 이길 수가 없다. 그렇게 여름 볕이 어서 지나가길 바라며, 손님을 기다렸다. 아직 올 시간도 안됐는데 괜히 주위에 지나가는 차 소리만 들려도 미어캣처럼 고개를 빼꼼 내밀게 된다. 매번 오는 캠핑인데도 오늘은 괜히 긴장도 되고 더 설렌다. 좋아해야 할 텐데.. 기다리는 마음이 이렇게 소중하고 또 소중하다.

선선한 바람이 불어오는 시간, 오빠네 가족이 드디어 도착했다. 작은 캐리어에 제 몫의 짐을 챙겨온 조카의 미소가 오늘따라 더 사랑스럽다. 뽀송하게 깔아놓은 침낭, 세팅해 둔 캠핑용 테이블과 텐트를 신기한 듯 요리조리 살펴본다. 책에서 본 그대로라며 엄마와 깔깔대는 모습에 절로 마음이 놓인다. 다행이다, 맘에 드는 것 같아서. 고사리 손으로 캠핑의자를 함께 펼치고, 주변 텐트들 구경하러 나갔다가 옆 텐트 아이와 금방 친구가 되어 온 조카.

조용했던 우리 사이트가 정말이지 아주 오랜만에 시끌벅적해졌다. 지글지글 고기를 굽고, 상추도 씻고, 즉석밥도 데워서 테이블에 올려놓았다. 별 거 아닌 차림이지만 다 함께 둘러앉아 나누니 꿀맛 같다. 가족과 함께 하는 캠핑, 익숙한 장면에 익숙한 얼굴들이 덧입혀지니 이것도 제법 자연스러운 풍경처럼 느껴진다.

-다음에 또 올 거야?

조카에게 물으니 빙그레 웃으며 대답한다.

-네~ 또 올 거예요!

행복한 얼굴로 미소 한 점 나누는 다정한 여름밤, 함께라 참 좋다.

그 이야기 속에서 우린 다섯 살 아이가 되었다가,

자유로운 여행자였다가

다시 지금의 우리로 돌아오곤 한다.

텐트 정담
−우리가 캠핑에서 나누는 이야기

―――

여름에는 타프나 나무 그늘 아래, 겨울엔 쉘터 안에서. 우리는 늘 오순도순 모여 커피를 마시고 음식을 만들어 먹고, 이야기를 나눈다. 매일 보는 사이인데도 매번 뭐 그리 이야깃거리가 넘쳐나는지. 텐트는 마치 주말의 우리 집 마냥 일상적인 공간처럼 느껴진다. 매 주말마다 달라지는 우리 집, 조금 불편해도 아늑한 이곳에서 우리는 마음을 푸욱 놓곤 한다.

때론 어린 시절의 이야기를 나누고, 우리가 함께 나눴던 추억에 대한 이야기, 함께 만들어갈 이야기까지. 이야기의 스펙트럼은 매우 넓고 깊다. 그 이야기 속에서 우린 다섯 살 아이가 되었다가, 중학생이 되었다가, 자유로운 여행자였다가 다시 지금의 우

리로 돌아오곤 한다. 서로의 추억을 한 조각씩 나누며 우린 조금 더 가까워지고 깊어지곤 하는 것.

때때로 여럿이 함께 할 때의 풍경은 조금 다르다. 오랜만에 만난 이들과의 반가운 대화, 오가는 안부와 이야기들. 여럿이 함께 모일 수 있는 커다란 쉘터 안에서 와글와글, 서로를 향해 기울어있는 마음이 오롯이 느껴지는 정다운 시간. 같은 취미를 함께 하며 하나로 엮

인 인연은 소중하고 또 소중하다. 가끔 친구들의 얼굴에서 어린 아이의 모습이 비쳐 보일 때가 있다. 누구나 품고 있는 아이의 천진함, 정말 좋아하는 걸 할 때 나오는 그런 표정이 불쑥불쑥 튀어나오곤 하는 것이다. 그럴 때마다 오래된 친구를 만난 것처럼 기꺼이, 그 시절의 어린 아이인 나로 함께 돌아가곤 한다. 한껏 개구진 얼굴의 나로 말이다.

텐트 안에서는 나는 소리는 밖에서 유난히 크게 들리기 때문에, 평상시보다 한 톤 낮은 목소리로 이야기 하게 된다. 딱히 누가 뭐라 하지 않아도 저녁이 되면 자연스레 목소리 톤이 낮아지는데, 마치 비밀 얘기를 나누듯이 속닥거리는 기분이 드는 것이다. 커다란 이불을 둘러쓰고 어른들이 들을 새라 서로에게 소곤대던 어린 시절로 돌아간 것 마냥 그렇게.

각자 침낭 안에 들어가 잠들기 전 나누는 대화도 참 좋다. 무사히 하루를 마쳤다는 안도감과 침낭의 따스함으로 마음이 무척이나 너그러워지고 모든 이야기는 다 따뜻하게 들리는 순간이기 때문이다. 마시멜로처럼 말랑해진 마음으로 잠드는 캠핑의 밤이 달콤할 수 밖에 없는 이유일 테다.

치열했던 도시의 고민은
여름 숲에선 그저 남의 얘기처럼 낯설게 느껴진다.

여름 숲으로,
여름 숲으로

―

　미세먼지에 빼앗긴 봄이라는 짧은 계절의 문이 닫히고, 어느새 여름의 문이 화알짝 열렸다. 추워 종종댔던 계절이 대체 언제였냐는 듯 파아란 하늘과 초록의 향연은 여름의 당연한 덕목처럼 우리의 시선 끝에 머물고. 벌써부터 쨍한 햇볕에 여름 숲 생각이 간절해진다. 겹겹의 나무그늘 아래 꽁꽁 숨고 싶은 날, 우리가 사랑하는 여름 숲으로 향했다. 습관처럼 익숙한 발걸음으로. 여름 빛을 머금은 숲은 더 깊어진 초록으로 계절을 담뿍 품고 있었고, 도시의 이른 더위에 시들어가던 우리에게 생기를 불어 넣어주는 듯 했다. 여름 특유의 싱그러운 친화력으로.
더욱 가뿐해진 여름의 집을 짓고, 그늘막 없이 자연의 나무 그늘

아래서 하루의 살림을 꾸려본다. 숲속의 일과는 늘 비슷하지만, 우리 매번 새로운 놀이를 하는 아이처럼 들떠 있곤 한다. 아마도 언젠가부터 그 반복이 주는 리듬감을 즐기고 있는 것일 테다. 해먹 속에 포옥 안겨 깊고 달콤한 낮잠을 자거나, 멍하니 아무것도 하지 않거나, 야곰야곰 모닥불을 지펴보거나. 여름 숲에선 아무것도 하지 않는 것이 미덕이었으며, 단순한 일과는 소소한 즐거움으로 담뿍 차 있었다.

도시에서 날 괴롭히던 생각의 잔상을 지워버리는 시간. 치열했던 도시의 고민은, 여름 숲에선 그저 남의 얘기처럼 낯설게 느껴진다. 잔뜩 쌓아놓은 장작이 하나씩 사라질 때마다 고민도 하나씩 줄어드는 양, 후련한 기분. 한 주 동안 켜켜이 쌓여있던 생각의 조각들을 비워내는 모닥불의 시간은 누구에게나 필요하리라.

여전한 우리들의 계절놀이. 올여름도 숲으로, 숲으로.

이런 날들엔 어쩌면 '어떤 상황이던 받아들이는'
마음가짐이 더 필요하겠다 싶다.

늦여름날의
마음가짐

―――

    오락가락 좀처럼 예측할 수 없는 여름 날씨의 변덕스러움, 심지어 겹겹이 자연 속에 쌓여 있는 여름 산의 날씨는 도무지 읽어 내기가 어렵다. 그저 잠시 곁을 내주는 것조차도 쉽게 허락하지 않는 여름 산은 그래도, 어쩌면, 날씨가 좋을 수도 있지 않을까? 하는 자그마한 희망 한 줌만은 손에 꼬옥 쥐게 만든다. 그 1%의 우연을 만날 기대에 우리는 여름 산으로 이끌리듯 향하는 거겠지만. 마른하늘에도 난데없는 소나기가 퍼붓곤 하는 이런 날들엔 어쩌면, '어떤 상황이던 받아들이는' 마음가짐이 더 필요하겠다 싶다. 난데없는 소나기도, 난데없는 햇살도, 그 어떤 것도 받아들이는 마음가짐 말이다. 그런 우리와는 달리, 모두가 날씨에

보만을 철썩 같이 믿었나 보다. 널따란 산속 캠핑장은 그날따라 고요하리만큼 우리들뿐이었다. 황매산 정상에 위치한지라, 조금은 쌀쌀함까지 느껴졌던 이곳에서 나는 또 습관처럼 모닥불을 지펴보았다. 한여름날의 모닥불, 이 묘한 상황에서도 익숙한 듯 불을 붙이는 나의 모습에 퍽 웃음이 나온다. 습습한 날씨 덕에 불은 잘 붙지 않았고, 자그마한 불씨라도 놓치지 않으려 그 어떤 때보다도 신중하게 주홍빛 그것에 집중했다. 평소 같으면 타다타닥 경쾌한 소리를 내며 타오르던 장작은 답지 않게 연기만 내뿜으며 금세 꺼져버리곤 했다. 하기야, 여름날 모닥불이라니.

하늘은 갑자기 맑아졌다가 구름을 잔뜩 몰고 왔다가 다시 또 맑아짐을 반복하며, 마치 감정의 롤러코스터를 타던 그날의 누군가처럼

변덕을 부려댔다. 어느 때보다도 고요했던 밤은 어둠과 함께 피로를 몰고 온 듯, 밤새 타프 위로 토독 토독 쏟아지던 빗소리에도 우린 노곤히 잠이 들었다.

산속의 아침, 밤새 내린 비가 몰고 온 뽀오얀 안개에 또 다시 마음이 홀려버렸다. 오월이면 철쭉이 만발한다는 황매산의 여름은 이국의 풍경마냥 생경했고, 때마침 우리 앞을 후다닥 지나가던 고라니까지.. 마치 비밀을 간직한 숲처럼 눈앞의 풍경은 불분명했지만 그만큼 충분히 매혹적이었다. 사람이던, 장소던, 때로는 많은 정보가 필요치 않을 때가 있다. 너무 많은 정보는 빠른 단정을 부르고, 우리의 호기심을 잦아들게 하니까. 적당한 거리에서 적당한 호기심을 유지한 채 바라보는 것이 중요하다. 적당함의 온도는 각자 조금씩 다를 수 있겠으나, 적당한 정보와 적당한 마음가짐을 가진다면 우연과 호기심이 어디서든 우리의 길을 이끌어 주리라. 마치 오늘처럼.

아무것도 하지 않아도 될 자유가 있고,
영원히 이어질 것만 같은 길고 긴
오후의 시간이 있었다, 이곳엔

주말엔 숲으로
−다음 계절이 오기 시작한 늦여름의 숲에서

―――

 끝날 듯, 끝날 듯, 하지만 여전히 끝나지 않을 듯. 아직 우리의 옷자락을 꼬옥 쥐고 있는 늦여름. 이런 변덕스러움이 들끓는 도시의 여름날에 지친 우리는 숲속 캠핑장으로 향했다. 선선한 나무그늘 아래로, 푸르름이 만발한 숲속으로.
뚝딱뚝딱 늦여름날 하루 묵어갈 우리의 집을 짓고, 도란도란 이야기 나누며 불을 지필 자리까지 마련해본다. 도시보다 계절의 흐름이 빠른 숲속은 제법 서늘하기까지 하고, 이대로라면 오늘 밤 모닥불을 피워 봐도 될 것만 같다. 매일 단출한 집을 꾸리려 노력하지만 오늘은 우리에게 조금 쉴 틈을 주기 위해 좀 더 세세하게 마음을 써 보기로 했다. 한 주 동안 수고한 나를 위해, 우리를 위해, 해먹이라는 아주 사소한 무게의 사치를 부려본 것.

오늘의 집을 지으며, 우리 둘은 약속한 것처럼 묵묵히 자신의 일에만 집중했다. 굳이 말이 필요 없는 섬세한 시간이 우리 사이에 시냇물처럼 나긋하게 흐르고, 그러는 사이에 뚝딱뚝딱 오늘의 집이 완성된다. 그가 바닥에 팩을 박아 텐트를 단단히 고정하면, 나는 텐트 안 하루의 살림을 꾸리기 시작하는 일종의 분업화에 가까운 흐름. 말하지 않아도 자연스레 자리 잡은 우리의 일과는, 제법 평화롭고 안정적이다. 누군가에 의해 정해진 것이 아닌, 각자가 잘 해낼 수 있는 일들을 하는 것. 자연 속에서 익힌 일과는 이리도 자연스럽다. 분주한 평일을 보낸 탓일까, 볕이 눈부셨던 걸까. 나무 사이로 살랑살랑 흔들리는 해먹에 홀린 듯이 잠시 몸을 뉘이고 깜빡 잠이 들어버렸다. 10분 정도였을까, 살풋 잠들었던 그 결에 나는 아주 깊고 달콤한 우주 속을 유영하고 돌아온 기분이었다. 짧았던 나의 우주는 제법 광활했으며, 짧았기에 더욱 아련하고 또 아련했다. 여름이 데려온 길고 긴 오후의 시간. 나는 도시에서 드문드문 읽다 만 책을 드디어 다 읽었으며, 저녁 모닥불 시간의 불멍을 위해 나무 아래 떨어진 가지들을 잔뜩 주워왔다. 주머니 가득, 두 손 가득 작은 나무 도막들을 주워 종종걸음으로 돌아올 때면 마치 도토리를 잔뜩 주워 온 다람쥐마냥 행복한 표정이 절로 나온다. 이렇게 사소하다, 행복이란 건.

이런저런 일들을 잔뜩 했음에도 아직 밖은 밝았다. 늘 무언가에 쫓기듯 바삐 움직이는 도시의 삶 속에선 시간이 너무 빨리 지나가버려 매일이 순식간이었다. 그러고도 돌아보면 딱히 기억에 남는 일들은 없이 그저 지나가버리는 순간들의 연속. 아이러니하게도 어쩔 땐 도시에서의 5일보다, 이렇게 자연 속에서 보내는 2일이 더 알차게 느껴질 때가 있다. 누군가에겐 순식간처럼 느껴질 수도, 누군가에겐 넉넉한 여유로움이 될지도 모를, 두 번의 하루. 아무것도 하지 않아도 될 자유가 있고, 영원히 이어질 것만 같은 길고 긴 오후의 시간이 있었다, 이곳엔.

푸르스름한 어둠의 시간, 오후에 부지런히 주워 나른 나뭇가지와 장작을 적당히 섞어 불을 붙여본다. 타닥타닥, 경쾌한 소리를 내며 나뭇가지들이 옹기종기 타오른다. 올여름, 뜨거웠던 그 계절이 있긴 했었나 싶을 정도로 스산한 저녁 공기가 뺨을 스친다. 벌써부터 모닥불 앞으로 모여들게 되는 걸 보니, 여름이 저만치 가고 있긴 한가보다.

스르륵, 우리가 모르는 사이 조용조용 문을 닫기 시작한 여름의 끝자락에서.

이곳을 와야만 마셔볼 수 있는 맛,
그렇게 생각하니 우리의 여행에
새로운 의미 하나가 더해지는 느낌이다.

막걸리의
맛

―

 캠핑을 하면서 다양한 지역을 다니다 보니, 그 지역의 특산물이나 음식을 먹어보는 게 습관처럼 자리 잡았다. 그리고 여기에 더해진 또 하나의 재미는 지역주나 막걸리를 마셔보는 것. 서울에서도 다양한 술을 맛볼 수 있지만, 산지의 신선함과 다양함은 따라갈 수가 없다.
특히 막걸리는 가격도 저렴하고 지역마다 종류도 가지각색이라 늘 한 병씩은 지역 슈퍼에서 사서 가곤 한다. 이를테면 구례에 가면 산수유 막걸리, 강원도에 가면 옥수수 막걸리를, 가평에 가면 잣 막걸리를 사는 등의 단순한 선택이지만, 이렇게 지역 막걸리를 사는 건 중요한 캠핑의 일과 중 하나다. 지역 막걸리도 제법 종류가 많아 어떤 걸 골라야 할지 한참을 앞에서 고민할 때도 있다. 사실 고민이라기보다는 구경에 가까운 재미난 시간. 특히 서울에서 본 적 없는 막걸리를 만날 때마다 반갑기까지 하다.

이곳을 와야만 마셔볼 수 있는 맛, 그렇게 생각하니 우리의 여행에 새로운 의미 하나가 더해지는 느낌이다. 그 지역의 막걸리를 볼 때면 여행의 기억도 함께 몽개몽개 떠오르는 것. 지역의 맛과 이야기가 담겨 있는 투박한 막걸리 한잔 사이 좋게 나누어 마시는 캠핑의 밤. 이런 게 신선놀음이 아니면 뭐란 말인가.

우리의 만남은 축축한 텐트를 말리는 번거로움에
비할 데도 없는 따뜻하고 뭉근한 것이었기에.

여름은
지나가고

―

 오늘은 오랜만에 친구들과 모였다. 혼자였던 친구가 둘이 되어, 또는 셋이 되어 옹기종기 함께 모인 날. 언젠가의 막연한 언제 한번 모이자 라는 약속을 우린 지켰고, 도시의 뜨거움으로부터 피해 온 우리를 환영하는 듯 이곳엔 묘한 계절감이 감돌았다. 휴대폰으로 들여다 본 오늘의 날씨는 우산이 가득했지만 까짓 우중캠핑이 한두 번도 아니고, 비에 질쏘냐. 우리들의 만남은 축축한 텐트를 말리는 번거로움에 비할 데도 없는 따뜻하고 뭉근한 것이었기에. 그 덕에 평소답지 않게 고요한 캠핑장은 우리들 차지였고, 폐교를 개조한 이곳에서 우린 그 시절의 아이처럼 깔깔댔다.

오랜만에 모인 우리는, 많은 말을 하기 보단 잘 구워진 고기 한 점을 밀어주고 정성스레 담궈 온 오이피클을 건네거나, 너 김치 좋아하잖어 하며 김치를 덜어주곤 했다. 그것이 우리들의 소통법이었음을, 말하지 않아도 우린 알고 있었다. 그동안 어떻게 지냈는지 일일이 이야기하지 않아도, 지금 이 시간 속에 함께 흐르고 있는 것만으로도 충분했으리라.

그날 밤 우리 위에는 가을이 내려앉았고 8월의 한여름밤, 볼을 스치는 찬바람에 긴 소매 옷을 꺼내 입었다. 어느새 휴대폰 속 오늘의 날씨는 우산에서 구름으로 바뀌어있었고, 거짓말 같던 한여름밤의 서늘함은 꿈처럼 아스라이 지고 있었다.

사라락.. 우리들의 웃음 뒤로 그렇게 또 한 계절이 지나가고 있었다.

그때는 몰랐던 게 아닐까.
문을 닫아야 다른 문이 열린다는 것을 말이다.

가을의 숲에
귀를 기울이면

봄, 여름, 가을, 겨울. 캠핑을 즐기기엔 사계절의 어느 하나도 빼놓을 수가 없겠지만 그 중에서도 봄, 가을은 어떤 계절보다도 캠핑하기 좋은 나날들로 가득하다. 적당한 바람과 햇살. 하늘을 올려다보며 찡그리지 않아도 되고 텐트 문을 꼭꼭 닫고 있지 않아도 괜찮은, 그런 날들이 우리를 기분 좋게 하는 계절. 짧지만 그만큼 더 알차게 보내야 하는 계절, 조금 더 천천히 곁에 머물러 주면 좋으련만 아쉽게도 가을은 참 짧기만 하다. 그치만 따끈한 모닥불로 모여들게 되는, 서로의 온기에 기대게 되는 계절이 다 가오는 것도 어쩐지 퍽 반갑게 느껴지는 오묘한 마음이다.

생각해보면 어린 시절엔 가을에 관심이 없었던 것 같다. 모든 것이 마무리를 하는, 그야말로 오르르 문을 닫는 시기인 것만 같아서, 그때는 몰랐던 게 아닐까. 문을 닫아야 다른 문이 열린다는 것을 말이다. 천천히 서두를 것 없이 오늘의 집을 짓고, 노곤해진 몸을 뉘이고 낮잠도 늘어지게 자본다. 찰나 같았던 낮잠은 제법 달콤했고, 가을볕은 아직 나를 기다려주고 있었다.

오늘은 조금 느긋한 나와 닮은 필름 카메라와 함께 했다. 어린 시절 소풍날에나 내 것일 수 있었던 카메라. 그 시절의 두근거림도 네모난 프레임에 함께 담기려나. 차알칵- 잠시나마 이 시간을 붙들어본다, 필름 속에.

제법 쌀쌀한 가을의 숲은 한낮의 모닥불을 부르고, 타닥타닥 장작의 타오름은 숲속을 가득 채우곤 했다. 나무 위에는 늘 그렇듯 바삐 다니는 청설모의 바지런한 움직임과 그의 발자취를 따라 투두둑 떨어지는 잣 열매와 나뭇가지들이 있었고, 그 아래엔 옳다쿠나 떨어진 잔가지들을 주워대던 누군가가 있었다. 음악 없이도 그들의 종종거림과 웅성거림과 분주함으로, 그리고 가끔 코러스처럼 들려오던 모닥불의 타닥거림으로 가을 숲은 가득 채워져 있었다.

늘 그렇듯, 평일의 분주함은 모닥불 속으로 던져버리고 영원한 주말이 펼쳐질 것처럼 느긋한 마음가짐으로 가을의 숲에 귀를 기울여본다. 어쩌면 저물어가는 계절의 아쉬움보다는 다가올 계절을 준비하는 이들의 분주함이, 그 바지런함이, 들려올지도 모를 일이다.

오래오래 자연을 누리며 아니 온 듯 다녀가기 위해서는
아무래도 '더하기' 보다는 '빼기'가 어울리는 것 같다.

백패커의 배낭엔
무엇이 들어있을까?

—

 배낭 하나에 모든 짐을 짊어지고 나르는 백패킹은 1박 이상의 야영 생활에 필요한 장비를 갖추고 산과 바다, 들과 계곡 등을 자유롭게 떠돌아다니는 여행을 뜻한다. 이름처럼 배낭에 모든 짐을 짊어져야 하기 때문에, 꼭 필요한 것들만 갖고 떠나야만 한다.
 일반적인 캠핑의 이미지는 집 한 채를 그대로 옮겨 놓은 듯한 오토캠핑을 주로 떠올리게 한다. 오토캠핑은 자동차에 짐을 싣고 움직이기에, 이동거리와 짐의 무게의 한계가 없다. 그에 비해 백패킹은 포기해야 할 것들이 많다고 생각할 수 있지만, 그 이상으로 많은 것을 얻어 올 수 있다는 것이 백패킹만의 즐거움이다.
 이렇게 백패킹을 떠나기 위해서는 야영생활에 필요한 준비물들을 챙겨야 하는데, 어떤 것들을 챙기고 어떻게 짐을 꾸리는 것이 좋을까.

백패킹의 기본은 '심플'이다. 도시에서 쥐고 있던 많은 것들을 내려놓고, 정말 필요한 짐들만 꾸려야 하는 것. 그렇지 않으면 애초 생각했던 모든 짐의 반도 넣기 전에 이미 가득 찬 배낭을 마주하게 될 것이다. 어찌어찌 다 짊어지고 간다고 해도, 몇 걸음도 못 가서 그 짐들은 우리의 어깨를 강하게 짓누르며 발걸음을 더디게 할 게 분명하다. 즐거워야 할 여행인데 출발부터 진이 빠져버리면 안되기에, 처음부터 간소한 짐을 꾸리는 것이 중요하다.

부부나 커플이 함께 캠핑을 하면 짐을 나눠 멜 수 있어서 부담을 덜 수 있다. 텐트와 음식, 식기류 등의 공통의 짐을 나눠메고, 나머지 개인 짐들은 각자의 배낭에 차곡차곡 챙기면 끝. 텐트 외에도 바닥의 냉기를 막아주는 에어매트와 침낭은 필수다. 겨울을 제외한 3계절엔 에어매트 말고도 가벼운 캠핑매트를 사용하기도 한다. 배낭 안은 필요한 물건부터 쓸 수 있게 아래부터 차곡차곡 수납한다. 침낭은 가장 마지막에 꺼내도 되는 물건이므로, 배낭의 가장 아래쪽에 넣는다. 접이식 의자와 미니 테이블은 부피를 적게 차지해 부담 없이 챙겨 다니는 용품들이다. 도시와는 다른 자연의 날씨에 대비해 얇은 겉옷도 꼭 챙기는 것이 좋다.

백패킹에서 가장 많이 차지하는 짐은 주로 음식이다. 먹는 욕심을 내려놓으면 짐은 훨씬 간소해지고, 쓰레기도 덜 버리게 된다. 우리는 최소한의 조리, 그리고 남기지 않고 끼니만 때울 수 있는 간편식을 주로 챙기곤 한다. 소위 전투식량이라 불리는 간편식은 먹을 때도, 정리할 때도 간편한데다 맛도 제법 괜찮아 선호하는 메뉴.

간단히 물만 끓일 수 있는 작은 코펠과 컵, 앞 접시나 컵 등 다용도로 사용하는 시에라와 숟가락이면 백패커의 부엌살림은 끝이다.

백패킹을 다니다 보면 매번 비슷한 짐을 꾸리더라도 늘 소풍 전날의 그것처럼 설레고 들뜨곤 한다. 이번엔 지난번보다 짐을 더 줄여보자, 늘 다짐하면서. 오래오래 자연을 누리며 아니 온 듯 다녀가기 위해서는 아무래도 '더하기'보다는 '빼기'가 어울리는 것 같다.

언제 이렇게 해보겠어? 란 생각을 하면
처음의 서투름과 낯섦까지도
모두 기쁘게 껴안을 수 있게 된다.

일본 고아웃 백패킹
-서울에서 시즈오카까지

———

　일본 시즈오카에 위치한 후모톳바라 캠핑장은 후지산이 바로 보이는 널따란 캠핑장으로, 일본 고아웃 캠프 (GO OUT CAMP : 일본에서 매년 열리는 캠핑 페스티벌) 가 열리는 곳이다. 요즘은 일본 고아웃 캠프 투어도 생겨서 티켓 구매도 편리해졌고, 렌트카를 이용하면 좀 더 수월하게 갈 수 있는 방법도 있다. 하지만 우리는 왠지 백패킹으로 가보고 싶었다. 해외 캠핑이다 보니 짐도 너무 많이 가져가기 부담스러웠고, 그러다 보니 배낭 하나에 모든 짐을 넣고 가볼만할 것 같았기 때문. 도전하는 마음으로 일본 고아웃 사이트와 후모톳바라 캠핑장 홈페이지, 그리고 시즈오카 관광청의 도움을 받아 시즈오카 후모톳바라 캠핑장으로 백패킹을 떠났다. 몇 년 전의 일이라 인프라가 지금과 비교하면 더 좋지

는 않았다. 특히 시즈오카 현지의 교통편 정보를 얻는 것이 가장 힘들었다. 하루에 한 대밖에 없는 버스를 타야한다는 사실에 만약 놓치면 어떡하지, 라는 생각보다 설마 놓치겠어? 하는 생각이 먼저 들 정도로, 걱정보다는 기대와 설렘이 앞섰던 여행이었다. 좀 더 편하게 갈 수도 있었지만 이렇게 스스로 하나하나 만들어가는 여행 또한 의미 있다고 생각했기에.

일반적으로 시즈오카 후모톳바라 캠핑장에 갈 땐 나리타 공항에서 입국해서 렌트카로 이용해 시즈오카로 이동하는 코스가 많다. 우리는 애초부터 렌트를 하지 않고 배낭 하나만 둘러메고 갈 생각이었기에, 조금 번거롭더라도 대중교통을 이용하기로 했다.

그렇게 나리타에서 도쿄로 이동, 도쿄에서 고속버스를 타고 2시간여를 달려 시즈오카에 도착했다. 시즈오카에서도 다시 버스를 타고, 내려서 후모톳바라 캠핑장까지 20여분을 걸어가는 길. 글로 쓰자니 복잡하고 번거로워 보이지만, 사실 우리에겐 모든 순간이 다 재밌게 느껴졌다. 언제 이렇게 해보겠어? 란 생각을 하면 처음의 서투름과 낯섦까지도 모두 기쁘게 껴안을 수 있게 된다. 대학생 시절로 돌아가 배낭여행을 하는 기분도 들고, 생경한 동네에서 서로를 의지해가며 동지애가 싹트기도 했던 건 물론이다. 우리가 생각한대로, 우리가 선택한 길로, 빠르진 않지만 조금씩 나아가고 있다는 뿌듯함 덕분일까. 마치 게임 속 미션을 수행하듯 하나씩 하나씩 해내가는 과정이 그저 즐겁기만 했다. 아마도 그 모든 순간들을 함께 한 든든한 서로가 있었기 때문일 테다.

후모톳바라 캠핑장에 도착해 입구에서 표를 교환하는데, 한국에서 백패킹으로 왔다고 하니 현지 스태프가 화들짝 놀란다. 엄지손가락을 척 올리는 제스처와 함께. 우리를 반기듯 마알간 얼굴을 드러낸 후지산과 마주하니, 고단했던 여정의 피로가 싹 가시는 것만 같았다. 늘 구름과 안개에 가려 좀처럼 모습을 드러내지 않는다는 후지산의 반가운 마중, 왠지 기분 좋은 2박 3일이 될 것만 같은 기분이 들었다.

캠핑이라는 공통분모로 서로 친구가 되고,
언젠가 서로의 나라에서 다시 함께 캠핑을 하자는
약속도 마음에 소중히 품어 보았다.

일본 고아웃 백패킹2
-친구를 사귀다

　첫날엔 참가자들이 다같이 바비큐장에 모여 음식도 나눠먹고 친목을 도모하는 '고아웃 전야제' 시간이 있었다. 각지에서 모인 캠퍼들이 한 자리에 모여 친목을 나누는 시간, 우리도 참석해보기로 했다. 사실 전야제는 다양한 캠퍼들과 만나볼 수 있는 흔치 않은 기회기에, 기대했던 시간 중에 하나였다. 커다란 불판에 삼삼오오 모여 고기에 채소에, 불판 가득 음식을 잔뜩 올려 구워먹는 모습이 굉장했다. 대부분이 차를 가져온 오토캠퍼들이라 그런지 음식도, 장비도 화려했다. 우리는 배낭의 무게 때문에 음식 짐은 최소한으로 했던 지라 큰 불판에 구운 건 고작 소세지와 베이컨 같은 가공 식품 뿐. 고기를 사오기엔 이동거리가 길었고,

가을볕에 상할 수 있는 신선식품은 백패커에겐 사치였기에 소세지와 베이컨을 선택할 수밖에 없었다. 혹시나 일본 친구를 사귀게 된다면 선물로 주려고 챙겨 온 팩 소주 몇 개를 그대로 들고 가야 하나 생각하던 차, 기분 좋게 취기가 오른 청년 한 명이 우리에게 말을 걸어왔다.

- 같이 먹어요!

고기와 술이 가득한 자신들의 자리로 초대한 일본 청년, 타츠야에게 우리는 팩 소주를 선물하며 친구가 되었다. 타츠야는 브랜드 부스에 참여하러 도쿄에서 왔다고.

- 어 팩 소주! 한국 술 마셔보고 싶었어. 한국에선 소주를 어떻게 마셔? 얼음 넣어서?
- 한국에서는 소주를 그냥 원샷으로 마셔.
- 오오~ 그렇게 순해?
- 순하진 않은데 한국 사람들은 원샷을 좋아해

타츠야는 내 말을 듣곤 호기롭게 팩소주를 음료수 마시듯이 그대로 들이키는 게 아닌가.

- 한국 사람들은 이걸 원샷 한다니 대단해, 역시 한국 사람들은 술이 세구나
- 아니, 그 팩을 원샷한다는 게 아니고..

소주를 그냥 마시는 우리와, 소주에 얼음을 타서 희석해 먹는 일본의 서로 다른 문화에 대해 이야기하며 가까워지던 시간. 타츠야가 홀짝홀짝 나머지 소주도 다 마셔버린 통에 다음날 숙취가 걱정 될 정도였다. 다음 날, 타츠야에게 인사하러 브랜드 부스에 갔는데 그가 보이지 않았다. 괜찮은 걸까, 걱정되는 마음에 저녁에 다시 찾아가보았다. 타츠야가 거의 죽다 살아난 얼굴로 우리에게 인사를 했다. '소주 대단해' 하며. 다행히 컨디션을 되찾은 타츠야와 맨 정신으로 캠핑이야기도 나누고, 언젠가 한국에 꼭 캠핑하러 오라는 이야기도 전하며, 그렇게 고아웃에서 일본 캠퍼와 친구가 되었다.

2박 3일의 고아웃 캠프는 우리에게 신선함 그 자체였다. 마침 옆 사이트엔 중국에서 온 캠퍼들이 자리해서 어쩌다 보니 한중일 캠퍼들이 한 자리에 모인 독특한 분위기도 연출됐다. 여기저기서 들려오던 일본어와 중국어에, 제법 먼 곳으로 떠나온 것 같은 이국적인 기분. 캠핑이라는 공통분모로 국적에 상관없이 서로 친구가 되고, 언젠가 서로의 나라에서 다시 함께 캠핑을 하자는 약속도 마음에 소중히 품어 보았다.

모두가 어려울 거라고 고개를 절레절레 저었던 '백패킹으로 후모톳바라까지 가기' 부터, 개성 강한 일본 캠퍼들과의 만남, 다양한 프로그램 체험 및 볼거리 가득한 사이트 구성, 동화 같았던 후지산 자락의 풍경. 그리고 2박 3일 내내 좋았던 날씨까지도.

누구나 차를 가지고 가는 시즈오카 후모톳바라 캠프장에 대중교통으로 간다는 것이 쉽지는 않았지만, 그렇다고 또 어려운 일은 아니었다. 정해진 방법은 없다는 걸, 길은 만들어 가면 된다는 걸, 알고 있기에. 무엇보다도 목적지를 찾아가는 과정 또한 즐거웠으니까. 배낭 하나만 덜렁 메고 간 백패킹이었기에 호화로움은 없었지만, 차를 타고 왔다면 볼 수 없었던 소소한 추억들을 더 쌓을 수 있었다. 모든 여정이 우리 모험의 일부였기에.

이러니 자연에 오면

늘 멍하니 바라보게 될 수밖에,

빠져들 수밖에.

계절을
기다리는 마음

―――

　자연의 계절은 도시보다 깊고 진하게, 그리고 빠르게 찾아온다. 일 년에 네 번씩 바뀌는 계절의 바지런함을 가까이서 지켜보는 마음이란, 늘 새삼스럽게 감격하고 감탄한다. 도시에만 있을 땐 미처 몰랐던 계절의 색이 자연에선 이토록 선명하다. 봄에는 피어나는 새싹들과 봄꽃의 풋풋함이, 여름엔 건강한 초록의 기운과 일렁이는 푸른 물결의 싱그러움이, 가을엔 알알이 익은 곡식과 열매의 풍요로움이, 겨울엔 코끝 찡한 서늘한 공기와 새하얀 눈꽃이 있다. 어쩌면 계절마다 다른 매력의 풍경이 펼쳐지는지. 이러니 자연에 오면 늘 멍하니 바라보게 될 수밖에, 빠져들 수밖에. 계절이 가는 게 아쉽다가도 다음 계절에 또 기대게 되니, 사계절이 있음에 감사할 따름이다. 덕분에 봄이나 가을이면 하이킹이나 백패킹, 브롬톤 캠핑을 즐기고, 여름이면 시원한 계곡으로, 겨울이면 눈꽃이 가득한 상고대를 보러 가는 즐거움도 알게 됐다. 계절마다 즐겨야 할 '자연 놀이'에 한 해가 꼬박이다.
늘 다정하게 곁을 내어주는 자연에게 고마우면서도 요즘 들어 미안한 마음이 커진다. 해가 갈수록 점점 계절의 경계가 흐려지고 색이 옅어지고 있는 게 느껴지기 때문이다. 더 오래오래 자연의 곁에 머무르기 위해 우리가 해야 할 일에 대해서도 늘 고민하고, 작은 것이라도 실천하려고 노력하고 있다.
플라스틱과 일회용 제품 사용 줄이기, 내 쓰레기는 꼭 챙겨오기, 음식은 먹을 만큼만 조금씩 챙기기 등처럼 지킬 수 있는 작은 약속들을 하나씩 해나가는 것. 그런 약속들이 하나 둘씩 모인다면 변화를 일으킬 수 있을 것이다. 자연을 '자연스럽게', 순리에 맞고 당연하게, 그렇게 지켜나가는 노력이 필요한 때인 것 같다. 그런 것이야말로 지금도 부지런히 우리 곁에 찾아오고 있는 계절에게, 다음 계절에게 보답하는 마음일 테니.

겨울의 행복이란 참 이리도 간단한 것이었다.
집에 있으면 당연하게만 느껴지는 것들이
새삼 감사하게 느껴지고, 작은 것들에도 행복을 느끼는
겨울의 야영생활

겨울의 야영생활

겨울 산, 특히 눈 내린 겨울 산은 춥지만 왜 그리 자꾸만 찾게 되는지. 가서 고생할게 눈에 훤한데도 가고 또 가게 된다. 아마도 텐트 안에서 들었던 사락사락 눈 내리는 소리, 아침에 일어나 눈앞에 펼쳐진 설원의 풍경 같은 겨울의 조각들이 잊히지 않기 때문일 테다.

텐트를 치자마자 우모 바지와 우모 자켓, 부티 bootie:겨울철 텐트에서 발의 보온을 위해 신는 덧신 로 머리부터 발끝까지 무장을 하고 앉아 있는 서로의 모습이 마치 미쉐린 타이어의 캐릭터를 떠올리게 해 웃음이 절로 나오고, 뜨거운 물만 부어 먹는 전투식량마저도 꿀맛같이 느껴진다. 잘 때는 텐트로 새어오는 바람에 뒤척이다

가도, 침낭 속 핫팩을 꼬옥 쥐고 서로의 안부를 확인한다. 밤새 작은 지붕이나마 바람을 막을 수 있는 곳이 있음에 안도했고, 집에 돌아와 뜨거운 물로 목욕을 하는 것만으로도 무척이나 행복한 기분이 들었다.

겨울의 행복이란 참 이리도 간단한 것이었다. 집에 있으면 당연하게만 느껴지는 것들이 새삼 감사하게 느껴지고, 작은 것들에도 행복을 느끼는 겨울의 야영생활. 그래서일까, 요즘같이 눈을 보기 힘든 따뜻한 겨울엔 가끔 서글퍼지곤 한다. 겨울의 시림이, 스산함이, 이제는 지난날의 추억이 돼버리는 것만 같아서.

결국 덜 먹고, 덜 버리고,
조금 더 부지런히 움직이는 것.
이것이 자연과 우리가 함께
건강할 수 있는 방법이 아닐까.

백패킹의
끼니

—

 모든 짐을 줄이고 최소한의 것만 짊어지고 떠나는 백패킹에서는 자연스레 음식의 짐도 줄어들기 마련이다. 배낭에서 음식 짐만 줄어도 한결 가뿐해지는데, 알면서도 이걸 줄이지 못하고 주방 도구들까지 바리바리 챙기고 다녔던 초창기엔 그 무게를 견디기가 참 힘들었다. 많이 걸어야 하는데 먹는 거라도 잘 먹어야지, 라는 생각에서 비롯됐던 것. 하지만 백패킹에서 요리를 하거나 많은 양의 음식을 먹는 건 여러모로 부담스러운 면이 많았다. 요리를 하려면 화기를 사용해야 한다는 것과 배낭의 무게와 부피에 대한 부분이 가장 큰 부담이었다. 많은 양의 음식은 쓰레기를 동반한다는 것도 문제였다. 그래서 점점 백패킹에서 우리

의 메뉴는 '생존'에 가까워지기 시작했다. 그러자 그동안 부담스러웠던 고민들이 조금씩 가벼워졌다. 우리의 배낭이 가벼워진 것은 물론이고.

사실 백패킹에선 모든 음식이 꿀맛 같아서 굳이 맛있는 요리를 하지 않아도 된다는 것을 몇 년 동안의 경험을 통해 자연스레 터득하게 되었다. 정말이지 몇 시간을 걷고 나서 먹는 음식은 뭐든 다 맛있었다. 중간중간 에너지바나 초콜렛 등의 행동식을 섭취해주면 갑자기 허기가 밀려드는 일도 방지할 수 있었다. 간단히 물만 끓이면 되는 전투식량이나 컵라면 등으로 시작해서, 이젠 화기를 쓰지 않는 비화식 식단을 준비하는 편이다. 집에서 주먹밥이나 샌드위

치를 만들어가거나, 삶은 달걀이나 과일같이 바로 먹을 수 있는 음식도 선호한다. 멸균우유에 시리얼이나 건빵, 물 없이 조리하는 발열식도 좋은 대안. 이렇게 백패킹에선 간단히 허기만 달래고, 내려와서 지역 음식점에서 맛있게 식사를 하는 것이 언젠가부터 공식처럼 자리 잡았다. 그래야 좀 더 가볍게 걷고, 비교적 아니온 듯 머무르고 간편하게 철수할 수 있기 때문. 방문하는 지역의 특산물로 만든 한 끼를 든든하게 먹고 나면 그제야 제대로 머무르고 간 기분이 든다. 마지막 한 끼를 기대하는 설렘은 덤으로 따라오는 즐거움이다. 결국 덜 먹고, 덜 버리고, 조금 더 부지런히 움직이는 것. 이것이 자연과 우리가 함께 건강할 수 있는 방법이 아닐까 싶다.

불을 피워 화력을 조절하는 정직한 난방기구이자
소박한 부엌이 되어주는 화목난로에서
사부작사부작 무언가를 하는 것만으로도
겨울놀이마냥 새로운 재미로 느껴지곤 하는 것이다.

겨울 캠핑의 장난감, 화목난로

캠핑을 하기엔 봄, 가을 같은 선선한 계절이 좋다지만, 사실 여름, 겨울의 캠핑도 충분히 매력적이다. 특히 사락사락 새하얀 눈과 함께 캠핑을 즐길 수 있는 겨울은 늘 기다려지는 계절이다. 다른 계절보다 좀 더 많은 짐을 가지고 다녀야 하지만, 소꿉놀이 하듯 하나하나 장비를 설치하고 장난감마냥 조립하며 갖고 노는 즐거움이 꽤나 쏠쏠하다. 추운 계절이라 텐트나 쉘터 안에 옹기종기 모여 앉아야 하기에 자연스레 서로의 온기에 기대게 되는 오붓함 또한 겨울만의 낭만이리라.

처음으로 화목난로를 개시하던 날, 텐트 지붕 위로 굴뚝이 뿅 솟아오르던 광경을 보며 나도 모르게 우와아~ 소리가 났다. 굴뚝에서 모락모락 피어날 연기를 떠올리며, 내 마음도 설렘으로 뭉게뭉게 피어 오른 건 물론이고. 앞으로 우리와 몇 번의 겨울을 함께 나게 될까, 겨울이면 따끈한 연기가 피어나올 텐트의 풍경을 떠올리니 마음이 참 따뜻해지곤 하는 것이었다. 텐트 가운데 우리의 조그마한 화목난로를 설치하고, 잔뜩 준비한 장작까지 주위에 쌓아놓는다. 작지만 견고해 보이는 모양새가 믿음직스럽다. 앞으로 잘 부탁해, 새 친구.

난로의 작은 문을 열고 닫으며 장작을 넣고, 달아오른 난로 상판에 주전자를 올려 물을 끓여본다. 호오- 겨울 입김 같은 주전자의 열기가 파르르 소리를 내며 끓어오르면, 준비한 원두를 갈아 천천히 커피를 준비한다. 갓 볶은 신선한 원두를 정성스레 갈아 주전자의 물을 쪼르르 부으니, 뽀오얀 거품이 부풀어 오른다. 향긋한 커피 향이 텐트 안을 휘감고, 그제야 갓 내린 커피를 한잔 머금는다. 이 한잔에는 나무를 때고, 그 불에 물을 끓이고, 원두를 갈아 낸 정성이 오롯이 담겨 있을 테다. 다른 계절보다 더 천천히, 느긋하게 해나가는 겨울 캠핑의 일과는 커피 한잔으로부터 시작된다.

캠핑에서 요리를 많이 하진 않는 편이다. 버려지는 음식물이나 설거지 등 요리를 하게 되면 수반되는 일련의 것들로 인해 쉬러 가는 캠핑에서 오히려 시달리고 오는 경우가 많았던 탓이다. 이제는 딱 필요한 만큼만 재료를 소분해 간단히 조리를 하니 요리를 즐길 수 있게 되었다. 간단히 먹고, 좀 더 느긋하게 쉬고, 맛있는 음식은 캠핑장 근처의 지역 식당을 이용하는 것은 우리의 캠핑 코스로 자리 잡았다. 그렇게 요리보다는 쉬는 쪽에 더 치중했던 다른 계절에 비해, 겨울엔 화목난로라는 작은 부엌이 생겨 좀 더 요리에 재미를 붙이게 되었다. 물론 먹을 만큼만 준비한다는 원칙은 변함없이.

사실 요리라곤 해도 그리 특별할 건 없다. 하지만 불을 피워 화력을 조절하는 정직한 난방기구이자 소박한 부엌이 되어주는 화목난로에서 사부작사부작 무언가를 하는 것만으로 겨울놀이 마냥 새로운 재미로 느껴지곤 하는 것이다. 가끔은 미니 화로를 따로 준비해 화목난로 안의 숯을 덜어내고, 그 열기로 고기를 구워먹기도 한다. 텐트 안에 연기가 가득 찰 수 있기에 한 쪽은 열어두고 먹는데, 그 덕에 한쪽 볼은 차갑고 반대 쪽 볼은 따뜻한 풍경이 연출되기도 한다. 개운함과 따스함이 공존하는 묘한 공간감.

겨울철 텐트 안에서 안전하게 불멍을 할 수 있는 즐거움과 조금 더 느릿한 아날로그적인 풍경. 온기를 얻고 싶으면 계속 나무를 넣어줘야 하는 딱 그만큼의 정직함. 이런 화목난로의 소소함이야말로 겨울 캠핑의 낭만이요, 재미가 아닐까.

매번 함께이지 못해도, 자주 보진 못해도,
함께 쌓아나간 추억을 야금야금 꺼내먹으며
긴긴 겨울밤을 보낼 수 있을 것만 같다.
그런 적도 있었지, 맞아, 그랬지 하며.

모두에게 메리 크리스마스
-친구들과 함께 하는 크리스마스 캠핑

주로 둘이서 캠핑을 떠나는 편이지만, 때때로 친구들과 함께 떠나기도 한다. 특히 연말에는 시즌을 핑계 삼아 그리운 얼굴들을 찾게 되곤 하는 것. 캠핑으로 뭉쳐진 캠퍼들답게 송년회도 역시 캠핑. 와글와글 친구들과의 캠핑은 늘 반갑고, 조금은 힘이 들어가기도 한다. 언제나 둘만의 몫을 챙기다가 친구들의 몫까지 여유 있게 담다 보면 늘 과하다 싶을 정도가 되지만, 몽개몽개 떠오르는 친구들의 얼굴을 생각하면 보따리는 점점 두둑해지곤 한다. 자주 보지 못하는 아쉬움이 투영된 것이리라, 필시.

최소한의 것들만 챙기곤 하는 둘만의 캠핑에 비해 여럿이 떠나는 캠핑엔 여러 가지 도구들이 총출동된다. 캠핑을 어른들의 소

꿉놀이라 부르기도 하듯이, 여럿의 아기자기한 캠핑도구들과 함께 할 때면 어린아이로 돌아간 듯 호기심이 샘솟는다. 꼬마 화목난로가 뿜어내는 뽀오얀 연기가 마치 뭉게구름마냥 느껴지기도 하고, 누군가 지나가듯 얘기한, 귤을 구워먹으면 더 맛있어진다는 말에 난로 위에 귤을 노릇노릇 구워보기도 하는 소소한 재미가 가득한 시간.

그렇다고 우리의 연말이 늘 호화로운 건 아니었다. 백패킹으로 크리스마스를 맞이할 때는 우리 나름대로 크리스마스 기분을 내보려했는데, 그것이 제법 귀여운 방법이었다. 각자 텐트 컬러를 겹치지 않게 가져오자는 것. 알록달록 다양한 색의 텐트를 치면 제법 화려해 보일 것 같았고, 밤에 조명을 밝혀놓으면 마치 크리스마스 조명처럼 보이지 않을까 싶었던 귀여운 발상. 피식 웃음이 나오는 아이디어였지만 그렇게나마 크리스마스 기분을 내고 싶었던 우리는 각자 다른 컬러의 텐트를 가져왔고, 오토캠핑처럼 화려한 조명이나 푸짐한 음식은 없었지만 우리에겐 그것만으로도 크리스마스 무드를 내기에 충분했다. 난로 하나 없이 각자 몫의 핫팩과 방한용품으로 꽁꽁 둘러 싸매고 쉘터에 둘러앉아 함께 맞이한 소박했던 백패커들의 크리스마스. 이 또한 웃으며 추억할 수 있는 건, 배낭 하나 둘러메고 떠났던 모험의 순간순간을 기꺼이 함께 나눴던 친구들 덕분이리라.

매번 함께이지 못해도, 자주 볼 수 없어도, 함께 쌓아나간 추억을 야금야금 꺼내먹으며 긴긴 겨울밤을 보낼 수 있을 것만 같다. 그런 적도 있었지. 맞아, 그랬지 하며 말이다. 언젠가부터 더 이상 특별하게 느껴지지 않는 날이라 생각했지만, 어른들의 소꿉놀이를 시작하고부턴 기꺼이 어린아이로 돌아가고픈 날이 돼버린 크리스마스.
모쪼록, 올해도 모두에게 메리 크리스마스이기를 -

상냥한 자연의 곁에서 걷다가 쉬다가,

무리하지 않는 이 정도가 딱 좋다.

우리는
우리의 속도대로

―

　빨리, 더 멀리 가려고 종종거린 적이 있었다. 빠르게 발을 움직이면서도 더 속도를 내고 싶어서 앞 사람의 머리만 쳐다보며 가다가 미끄러지기도 했다. 괜히 마음만 급해 주변에 어떤 풍경이 있는지 쳐다볼 새도 없이 고행처럼 걸었던 거다. 그렇게 돌아오고 나면 주변 풍경은커녕, 뒤쳐질까 종종거리던 마음과 며칠간의 근육통만 뻐근하게 남을 뿐이었다. 심지어 발톱이 빠진 줄도 모르고 계속 걸은 적도 있었다. 나는 왜 그렇게 서두르고 무리해야만 했을까. 빠져버린 발톱을 보며 허망해했던 때도 있었다. 이제는 그렇게 서두르지 않아도 괜찮다는 걸 알기에, 좀 더 느긋하게 걷곤 한다. 모두의 다른 속도처럼, 우리는 우리의 속도대로 말이다. 이렇게 느긋하게 걷는 이에게 자연이 주는 자그마한 선물이 있다. 앞만 보고 걷기보단 중간 중간 걸어온 길을 돌아보다 보면 자칫 그냥 지나칠 뻔 했던 풍경의 속살과 마주할 수 있다는 게 바로 그것. 그러다 보면 거친 계절을 이겨내고 곱게 피어나는 이름 모를 꽃잎이랄지, 보이지 않는 곳에서 씩씩하게 움트는 새싹 같은 봄의 전령들의 모습이 보이기 시작한다. 상냥한 자연의 곁에서 걷다가 쉬다가, 무리하지 않는 이 정도가 딱 좋다.

힘은 너무 다 써버리면 안 된다. 힘들 것 같으면 쉬어가고 잠시 내려놓는 것도 필요하다. 산행에서도, 인생에서도. 잠시 쉬어간다고 무슨 일이 생기는 것도 아니고, 빨리 간다고 엄청난 일이 기다리고 있는 것도 아니기에. 꼭 정상을 향하지 않아도, 목적지까지 무리해서 가지 않아도 괜찮지 않을까. 스스로를 잘 돌봐가며 무리하지 않는 선에서, 우리는 우리의 속도대로 말이다.

내년에도 안녕한 나날들이
우리 앞에 가득하기를

수고했어, 올해도
-안녕했던 한 해를 보내며

괜스레 분주하고 마음이 달뜨곤 하는 12월. 오랜만에 만나는 이들과의 반가운 만남, 복작하고 시끌벅적한 시간에 휩쓸리다 보면 금세 새해가 와버리곤 한다. 나의 한 해를 돌아볼 시간은 제대로 갖지 못한 채. 주위의 분위기에 흔들리기보다는 제법 중심을 잡고 서있을 수 있게 된 지금은 시끌시끌한 여느 때의 연말보다는 조금은 차분하게 보내고 있는 듯하다. 쉽게 끓어오르지 않되, 끓고 나면 오랫동안 그 온도를 유지하는 것. 아마도 이것은 나이를 먹어갈수록 얻게 되는 자그마한 선물 같은 일일 테다.
가끔 조용한 연말을 맞이하는 것도 나쁘지 않겠다 싶어 훌쩍 떠나온 캠핑. 때마침 내려준 소복한 눈은 미처 내려놓지 못하고 온

도시의 달뜬 마음을 살풋 내려놓게 했다. 뽀드득 뽀드득, 아무도 밟지 않은 새하얀 눈밭에 사뿐사뿐 나의 발자국도 남겨보았다. 흰 눈 앞에선 누구나 아이로 돌아가게 되는 법. 다섯 살 때나, 지금이나, 눈앞에선 개구진 아이처럼 장난기가 샘솟곤 한다. 봐도 봐도 질리지 않는 겨울의 풍경, 그리고 늘 새삼스레 기뻐하는 우리. 여전히 소소한 것들에 설레고 있음에 감사하며-

올해 마지막 캠핑을 위해 소박하지만 우리가 좋아하는 것들을 야곰야곰 준비해왔다. 불멍을 좋아하는 나를 위해 그가 한 아름 챙겨온 장작, 텐트 안 따뜻한 시간을 선사해주는 우리의 자그마한 난로. 이것만으로도 우리에겐 겨울날 누리는 최고의 사치이기에. 그저 모닥불 곁에 앉아있는 것뿐이지만, 늘 조용한 위로를 받는 시간. 가만가만 지난 일 년을 뒤돌아본다. 언제나와 같은 캠핑의 일과, 그 여전함에 새삼 감사한 마음이 드는 오늘.

-올해도 수고했어

따스한 저녁식사를 함께 나누며 그에게, 그리고 나 자신에게 나지막이 속삭여보았다. 내년에도 안녕한 나날들이 우리 앞에 가득하기를.

매일이 다르고 새로워야 한다는 생각을
조금 내려놓으니 비로소 가뿐해진다.

담담한
새해

———

생각해보면 늘 새해마다 참 유난스러울 정도로 다짐을 하고 계획을 세웠던 것 같다. 한 살 더 먹었으니 무언가 더 대단한 것을 해야만 한다고 생각했었다, 당연한 듯이. 조금 내려놓고, 조금 느리게 가는 길을 걷고 있는 지금은 거창한 새해 다짐을 세우기보다는 매일 매일의 충실함으로 대신하고 있다. 큰 계획을 세워놓고 지키지 못했을 때의 그 헛헛함을 누구보다도 잘 알기에. 이미 충분히 겪어온 감정의 도미노임에도 늘 비틀대곤 한다, 그 순간에는.
이젠 높은 장벽보다는 내가 맘만 먹으면 폴짝 뛰어넘을 수 있는 만만한 허들을 넘으며 하루 하루를 보내려고 한다. 낮은 허들이 주는 소소한 행복을 즐기면서 말이다. 매일이 다르고 새로워야 한다는 생각을 조금 내려놓으니 비로소 가뿐해진다.

여느 때와 다름없던 겨울의 어느 날. 내가 가장 사랑하는 1월의 하루였고, 내 옆엔 늘 그렇듯 당신이 있었음에 이내 안도했던 우리의 시간. 특별한 일과를 보내지 않아도, 이대로도 충분하다. 더 많은 걸 바라지 않아도 좋을, 새해 첫 캠핑.

올해도 건강히, 그리고 자연 속에서 그저 자연스럽게 나긋한 날들을 보낼 수 있기를.

새하얀 솜이불을 덮은 겨울 산의
폭신폭신한 눈을 맘껏 밟고 나면
몸도 마음도 개운해지리라.

겨울 산의
나긋한 위로

―――

 그럴 때가 있다. 어떤 식으로도 마음이 채워지지 않을 때. 특히 시끌벅적한 연말과 새해에 떠밀리듯 휩쓸려, 정신을 차리고 보니 나만 멀찌감치 떨어져 있는 기분이 들 때. 새해의 들뜸이나 유난스러운 다짐을 하지 않으면 안될 것 같은 분위기에 사로잡혀 작년 이맘때의 지키지 못한 약속을 데자부처럼 떠올리며 끄적여보기도 한다. 매일 매일 일상 속 바쁘게 지내다가도, 불현듯 잘 살고 있는 걸까, 자문하고 싶어지는 순간. 멈출 수 없는 감정의 화살이 나 자신에게로 향할 때, 그 순간만은 이곳이 아닌 어디론가 훌쩍 떠나버리고 싶어진다. 어린 시절엔 그럴 때마다 울어버렸는지도 모르겠다. 조금 어른이 된 지금은 엉엉 소리 내어 울기보다는 아무 생각 없이 타박타박 걷곤 한다. 울고 나서 퉁퉁 부어버린 나를 마주하는 것보다도 실컷 걷고 나서 퉁퉁 부은 다리를 주무르는 게 더 마음이 후련하다는 걸, 이제는 알기에. 이렇게 어딘가로 훌쩍 떠나고 싶을 땐, 쭉 뻗어있는 편한 길보다는 오르막과 내리막이 있는 산길을 택하는 것이 좋다. 그리고 다른 계절보다도 정신을 똑바로 차리고 집중해서 걸어야 하는 눈 쌓인 겨울 산이 가장 좋다. 새하얀 솜이불을 덮은 겨울 산의 폭신폭신한 눈을 맘껏 밟고 나면 몸도 마음도 개운해지리라.

아이젠과 스패츠, 등산 스틱 등 안전장비를 갖추고 겨울의 소백으로 향했다. 겨울이면 하얀 눈을 머리에 이고 있어 붙여진 이름처럼, 겨울의 아름다운 눈꽃으로 유명한 소백산. 머릿속까지 쨍하게 차오르는 차가운 공기, 도시에서의 겨울보다 좀 더 혹독한 자연의 기후가 실감난다. 겨울의 한가운데, 1월의 산에선 딴 생각할 틈도 없이 정신을 바짝 차릴 수밖에 없다. 한 걸음 내딛을 때마다 한기가 몰려온다. 잔뜩 겹쳐 입은 옷을 단단히 여미고, 겨울의 소백을 오르기 시작했다. 하지만 가파른 오르막 때문인지, 껴입은 옷은 이내 뜨거운 열기로 차오른다. 등줄기엔 땀이 흐르고, 털모자를 꾹 눌러쓴 이마엔 송글송글 땀이 맺히기 시작한다. 겨우내 약해진 체력 때문인지 자꾸만 걸음이 느릿해지지만 서두르지 않기로 한다. 한 줄로 나란히 나란히 걸어 올라가는 길, 나보다 빨리 가려는 이들에겐 길

을 비켜주고 나만의 속도대로 저벅저벅 길을 오른다. 힘들면 조금 쉬어가도 좋은, 누구도 재촉하지 않는 우리만의 속도로 걷는 산행이라 다행이다.

얼마나 걸었을까, 정직한 움직임이 가득한 산에서는 금세 허기가 지곤 한다. 집에선 잘 먹지도 않던 삶은 달걀이 이곳에선 달디 달고, 보온병에 담아온 따뜻한 커피는 손끝, 발끝까지 따스함을 전해

준다. 주먹밥 한 개, 삶은 달걀 한 알, 커피 한 잔이 이렇게 맛있을 일인가. 소박한 정찬과 모락모락 따뜻한 커피 한 잔에 어린아이처럼 양 볼이 발그레해진다. 옆 자리에 계시던 산악회 아주머니가 소박한 우리의 밥상을 힐끗 보시곤 초콜릿 두 개를 건네주셨다. 도시에서는 낯선 친절이지만, 이렇게 자연에선 선뜻 마음을 놓게 된다. 마침 달달함이 필요했던 절묘한 타이밍이기도 했고. 사이좋게 작은 초콜릿 한 알을 입에 넣으니 나도 모르게 입가에 미소가 지어진다. 아, 행복 참 별 거 아니네.

이렇게 위에서 내려다보니 참 별 거 아닌 것들. 그동안 참으로 별 거 아닌 것들에 연연하고 있었구나. 산에 오르니 산처럼 마음이 깊고 넓어진다. 정상에 오르겠다는 욕심을 버리니, 오랜만의 산행이라 무거웠던 발걸음도 걸을수록 조금씩 가뿐해졌다. 매서운 바람이 볼을 스치고 머리카락은 톡 건드리면 부서져버릴 듯, 한 올 한 올 얼어버렸지만 그조차도 즐거워 웃음이 새어 나온다.

겨울 산 구석구석 살뜰히도 내려앉은 눈꽃의 성실함과 하얀 눈에 지지 않은 초록의 잎사귀가 뿜어내는 생명력까지, 이렇게 매번 자연에선 작은 풀꽃에도 이야기가 있고 배울 것이 있다. 여기에다 두고 가기로 한다. 도시에서의 고민들, 침잠된 감정들, 모두.

이상하게 산에서 내려오는 길은 매번 올라갈 때보다 훨씬 더 빠르고 금방이다. 내리막의 가뿐함은 아마도 산에 두고 온 고민의 무게가 덜어졌기 때문일지도 모르겠다.

조금 더 행복해지는 방법, 겨울 산에 있었다.

같은 것을 나눈다는 건 단순하게 취미를 넘어
서로의 가치관과 삶의 방향성에도 영향을 미치곤 한다.

부부가 같은
취미생활을 한다는 것은

───

　부부가 같이 취미를 즐기다 보면 자연스레 라이프스타일이나 성향도 점점 닮아가게 된다. 함께 나눌 이야깃거리도 많아지고, 자연스레 서로에 대해 이해하고 배려하는 폭도 넓어지곤 하는 것. 같은 것을 나눈다는 건 단순하게 취미를 넘어 서로의 가치관과 삶의 방향성에도 영향을 미치곤 한다.

우리가 함께 즐기는 캠핑, 하이킹 등의 취미는 모두가 자연 속에서 걷고 집을 짓고 바람을 느끼며 끊임없이 자연과 대화를 하는 활동이다. 이러한 과정을 혼자가 아닌 부부가 함께한다는 건 서로의 마음에 더욱 가까워지는 계기가 된다. 매일 마주하지만 평소 나누지 못했던 이야기들도 자연스레 털어놓으며, 서로를 좀 더 이해할 수 있게 해주는 시간. 일상과 여행 속, 크고 작은 모험을 함께 겪으며 자연스레 서로에 대한 신뢰가 쌓여가는 걸 느낄 수 있다. 이런 활동을 통해서 자연스럽게 삶의 방향까지 닮아가는 흐름은 신기하면서도 흐뭇한 일이다. 같은 꿈을 꾸며 같은 길을 걷는 든든한 동료가 늘 함께 한다는 건, 분명 신나는 일이기에.

같은 취미를 즐기지만, 각자 다른 방식과 시선으로 바라보는 것도 또 하나의 즐거움이다. 남편은 사진과 영상으로, 아내는 글로, 자연을 담아내는 우리. 같은 풍경에 머물러도 서로 조금씩 다른 시각을 나누다 보면 자연스레 각자의 시간을 존중해줘야겠다 생각을 하게 된다.

서로의 시간과 취향을 존중하며 따로 또 함께 하는 즐거움. 한 사람이 좋아하는 것을 일방적으로 맞춰주는 것이 아닌, 그렇다고 의무적으로 함께 해야 하는 것이 아닌, 각자 동등한 입장에서 즐거움을 나누는 취미생활이기에 더 즐겁다. 이해의 폭이 점점 넓어지는 기분, 상대방의 입장에서 생각하면 이해하지 못할게 없게 되는 너그러움. 서로 같은 위치에서, 함께 배워나가고 알아가는 과정 속에서 묘한 동료의식도 생겨나곤 한다.

중간에 지치지 않게 서로 다독이며 함께 나눌 수 있는 공통점인 취미가 있다면, 인생이라는 오랜 길을 지루하지 않게 함께 할 수 있을 것만 같다. 부부는 때론 연인처럼, 때로는 오랜 친구처럼. 서로 의지하며 나란히 걸어 나갈 누구보다도 애틋한 사이이기에.

도시에선 쓸모없다 생각했던 것들이 캠핑에서
대단한 쓸모로 바뀌는 경우가 왕왕 있다.

도구의
쓸모

―

우리는 많은 물건에 둘러싸여 살고 있다. 그렇기에 하나의 물건에 한 가지 이상의 기능을 바라지도 않는다. 오히려 기능이 중복되는 물건들이 많을 정도. 책상 위를 둘러봐도 그렇다. 각양각색의 펜들이 촘촘히 꽂혀있고, 메모지며 책갈피, 수첩. 참 많은 도구들이 놓여있다. 주방도 마찬가지. 다양한 컵과 그릇들, 이건 어떤 때 쓰는 것, 이건 또 어떤 때 쓰는 것. 매일 쓰는 것보다 서랍 속에서 차례를 기다리고 있는 도구가 더 많은 것 같다.
캠핑에선 어떨까. 아무리 많은 짐을 챙겨가는 오토캠핑에서라도 집에 비하면 늘 무언가 부족하다. 특히 우리는 백패킹으로 시작해서인지 짐을 많이 챙기는 편은 아니다. 백패킹에서는 하나

의 도구를 다양하게 활용하곤 했기에, 딱 하나의 기능만 가진 물건은 챙기기가 꺼려진다. 도구 본연의 기능을 넘어서 여러 가지로 활용할 수 있는 물건이어야만 비로소 챙기게 되는 것. 예를 들어 시에라컵은 주로 앞 접시로 사용하지만 컵으로도 쓸 수 있고, 버너에 바로 올려 그대로 가열할 수도 있다. 앞 접시, 컵, 냄비. 이렇게 세 가지 용도로 사용할 수 있으니 시에라 컵 하나만 챙겨도 짐이 많이 줄어드는 것이다. 백패킹은 무게와의 싸움이기에 최소한의 부피와 무게로 최대한의 효과를 내는 도구들을 선호한다. 그게 습관이 되어 지금도 장비는 작게 접혀 수납이 잘되는 것을 사용하고, 되도록 적게 가져가려고 하거나 한다. 물론 줄일 수 없는 짐은 어쩔 수 없으니, 가능한 경우에만. 그렇게 가져간 짐은 하나도 허투루 쓰지 않으려고 하지만 늘 한두 가지씩은 괜히 가져왔다 싶은 물건이 나오고, 현지에서 조달해야 하는 경우가 생긴다. 그런 것들은 대개 없으면 안되는 필수품이라기 보다는 챙기긴 좀 그렇고, 없으면 아쉬운 것들이다.

참 신기한 게, 도시에선 쓸모없다 생각했던 것들이 캠핑에서 대단한 쓸모로 바뀌는 경우가 왕왕 있다. 아마도 그건, 모든 것이 풍요로운 도시와 물건이 한정적인 자연의 캠핑에서 내리는 '쓸모의 정의'가 다른 느낌으로 다가올 때가 많기 때문일 것이다.

자연에서의 물건은 필요하면 사는 것이 아니라, 있는 것을 활용하거나 직접 만들어야 한다. 기존 물건에 새로운 의미나 역할을 부여하기도 하는 건 물론이거니와. 이렇게 캠핑에선 쓸모없는 물건이 하나도 없다. 이거 없이도, 저거 없이도, 그리 충분치 않아도 그 안에서 활용할 수 있도록 골똘하게 생각하게 하고, 너무 많은 물건에 의지하지 않게 한다.

도시에서 생각하지 않았던 물건들의 가치, 쓸모. 캠핑에서 도구의 쓸모에 대해 다시 생각해본다.

클린 캠핑은 떠나는 이와 다음에 올 사람의
보이지 않는 끈끈한 연대이자,
자연을 함께 지켜나가자는 서로간의 무언의 약속이다.

아니온 듯 다녀가기, 클린 캠핑

캠핑할 때 가장 신경 쓰는 부분 중 하나, '아니온 듯 다녀가는 클린 캠핑'이다. 클린 캠핑은 아니온 듯 깔끔하게 머문 자리 정돈하기, 쓰레기 되가져가기 등, 우리가 캠핑을 하며 쉽게 실천할 수 있는 행동들이다. 우리는 늘 쓰레기봉투를 갖고 다니면서 딱 그 봉투에 들어갈 만큼의 쓰레기만 버리고, 담아오려고 한다. 가방에 매달 수 있을 정도, 딱 그 정도의 쓰레기면 우리가 감당할 수 있는 수준이었다. 백패킹을 할 경우에는 봉투가 가득차지 않는 경우도 많았고, 오토캠핑이나 차박을 할 때는 꽉 차거나 조금 더 나올 때도 있다. 그럴 땐 부피가 큰 쓰레기를 최대한 꾹꾹 눌러 담고, 애초에 부피가 많이 차지하는 것은 가지고 오지 않으려

고 노력한다. 특히 음식 쓰레기는 나오지 않도록 국물이 있는 것은 다 마시거나 작은 페트병에 담아 와서 버리고, 재료가 남지 않도록 짐을 챙길 때부터 세세하게 계산해서 담는다. 그렇게 하면 쓰레기가 줄어드는 것은 물론, 자연스레 짐도 간소해진다.

클린 캠핑은 어렵지 않다. 머문 자리는 처음 왔을 때처럼 깔끔하게 정돈하고, 내가 배출한 쓰레기는 되가져가는 것. 즉, 자연에 대한 최소한의 예의를 지키는 실천이다. 그리고 떠나는 이와 다음에 올 사람의 보이지 않는 끈끈한 연대이자, 자연을 함께 지켜나가자는 서로간의 무언의 약속이다.

자연에 오래오래 머물기 위한 우리의 작은 약속, 클린 캠핑을 실천하는 캠핑문화가 점점 자리잡길 바란다.

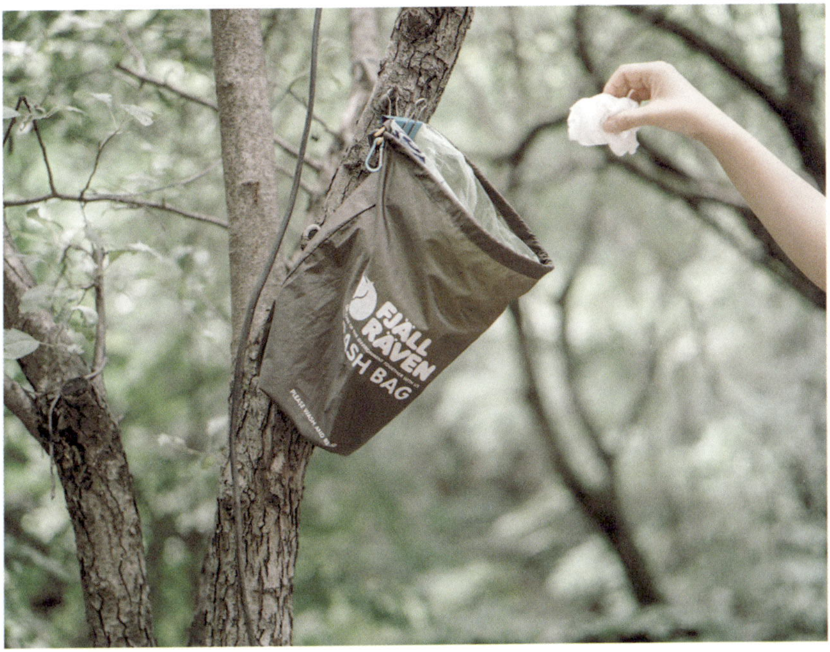
FJÄLL RÄVEN

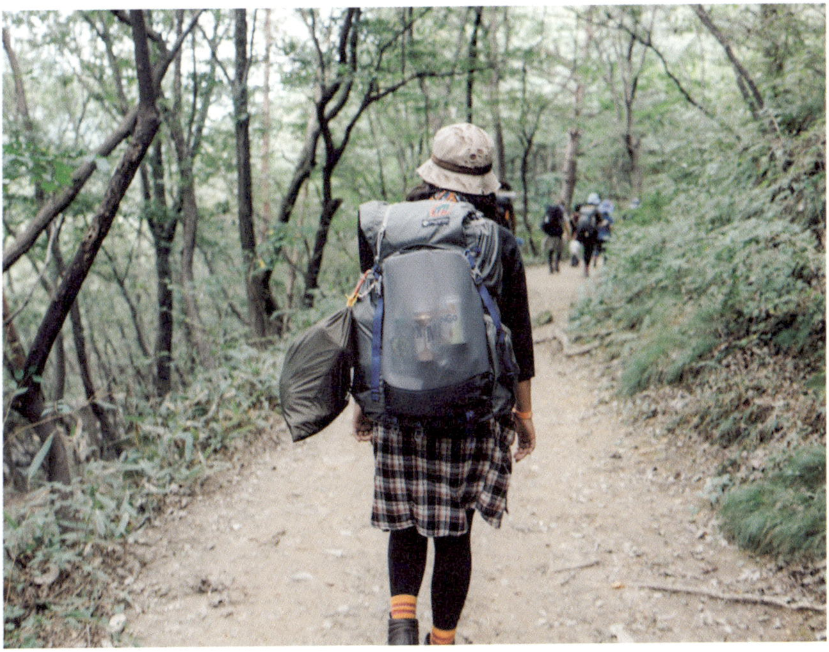

비우고 채우고, 또 비우고 채우는 일련의 고독한 시간은
누구에게든 이따금씩 필요하리라.
혼자일 때 비로소 채워지는 퍼즐조각이 있을테니.

아직,
겨울은 우리 곁에

―――

　겨울을 사랑하는 나이지만, 엉금엉금 올봄의 걸음은 유난히 느리게만 느껴진다. 혹독한 추위는 이제 겨울의 덕목인 양 자연스럽고. 추우니 집에 있자가 아니라, 더 따뜻하게 입고 나가자며 패스츄리처럼 몇 겹의 옷을 껴입는 우리의 모습 또한 겨울의 자연스러운 풍경마냥 익숙하다. 길고 긴 겨울밤을 함께 보낼 친구들도 하나하나 챙겨본다. 활자가 넘쳐흐르는 도시에서 늘 읽다 말곤 하던 책, 우리의 자그마한 난로에서 구워먹을 고구마와 커피. 그래, 이거면 됐다. 영하의 혹독함을 동반하는 겨울의 모험에 대비해, 혹시나 싶어 더 껴입고 온 몇 겹의 옷이 든든하게만 느껴진다. 덕분에 눈밭에 딩굴딩굴 굴러도 될 정도가 되었으니.

도시에서는 이미 녹은 지 오래인 눈이 이곳엔 아직 소복하다. 눈이 참 흔하게 내렸던 올겨울이지만 볼 때마다 늘 설렌다. 특히 아무도 밟지 않은 새하얀 설원에 첫 발을 디딜 때의 뽀드득 소리는 언제 들어도 청량하고 또 청량하다.

사이좋게 오늘의 집을 짓고, 각자의 시간을 준비하는 우리. 나는 느긋하게 의자에 앉아 책을 읽고, 그는 필름카메라로 우리의 풍경을 담아낸다. 함께 온 캠핑에서 갖는 각자의 시간은 늘 소중하다.

각자가 좋아하는 일을 하며, 따로 또 함께인 이 애틋한 시간. 비우고 채우고, 또 비우고 채우는 일련의 고독한 시간은 누구에게든 이따금씩 필요하리라. 혼자일 때 비로소 채워지는 퍼즐조각이 있을 테니.

가끔가끔 고개를 쏘옥 내밀다 사라지는 햇살에서 야곰야곰 봄의 기운이 사라락 스쳐간다. 겨울의 맹공에도 봄이 오긴 오려나 보다. 오랜만에 얼굴을 내민 햇살을 콕 붙잡아보고 싶어지는 오후.

우리가 사랑하는 캠핑의 밤. 살짝 눈을 머금은 장작은 제법 잘 타오르고, 도시에서 쌓였던 크고 작은 잡념들이 조금씩 흐려지다가 지워져 버린다. 다시 쌓일 잡념일지라도, 괜찮다. 이 순간엔 화로 속에서 함께 타버렸으니까. 마침 올려다 본 하늘엔 총총 별들이 유난히 밝게 빛나고 문밖을 나선 덕에 볼 수 있었던 풍경에 새삼 감사한 시간.

올겨울, 가장 추운 날의 캠핑이었음이 분명한데 묘하게도 개운한 기분만이 잔뜩 차 올랐다. 평소보다 더 겹쳐 입은 옷 덕분에 덜 추웠고, 바람이 불지 않은 덕에 추운 날씨에도 바깥에서 오래오래 불멍을 할 수 있었으며, 무심코 올려다본 하늘에 유난히 반짝이던 별을 한눈에 볼 수 있었고, 읽다 말다를 반복했던 책의 마지막 장을 덮을 수 있어 후련했으며, 생각도 못했던 소복한 눈 덕분에 더 낭만적인 캠핑을 즐길 수 있었다. 나의 개운함은 이 모든 사소한 행복의 조각들이 모인 덕분일 테다.

아직, 곁에 있는 겨울의 어느 날. 오늘도 문밖을 나서길 참 잘했다.

epilogue

어디든
내 집

우린 주말마다 늘 새로운 곳에서 집을 짓고, 살림을 꾸린다. 어디든 내 집일 수 있었고, 앞에 펼쳐진 자연은 정원처럼 자유롭게 누릴 수 있었다. 비가 오나, 눈이 오나, 해가 쨍쨍한 여름날에나, 어떤 날씨에도 텐트 아래에 있으면 든든했다. 자연과 우리 사이, 얇은 텐트 천 하나가 튼튼한 지붕처럼 때론 아늑한 다락방이 되어 주곤 했다. 최소한의 집으로도 우린 충분히 행복했고, 적은 것으로도 살아갈 수 있다는 자신감이 생겼다. 그렇게 집으로 돌아오면 늘 감사한

마음이 들었다. 어떤 날씨에도 무너지지 않을 튼튼한 천장이 있는 집은 거대한 쉘터 같았고, 깨끗한 화장실이 있고, 얼마든지 쓸 수 있는 물과 전기까지 있으니 이보다 더 좋을 수 있을까. 그렇기에 넓지 않은 집도 감사했고, 늘 집으로 돌아오는 길이 행복하고 설레었다. 일상의 편리한 생활과 캠핑의 단순한 생활을 오가며 우리를 둘러싼 사소한 것들이 보이기 시작했고, 새삼 감사한 마음이 들곤 했다. 그 사소함이 모여 우리의 세계를 만들어 주고 있을 테니.

때론 너무 편리한 것은 우리를 타성에 젖게 한다. 조금 더 부지런하게 움직여 내가 할 수 있는 일들을 늘려나가고, 새롭고 편한 것만 찾기보다는 궁리하며 살아가는 것도 좋지 않을까. 너무 빠르게 달려나가기보다는 느리지만 내가 원하는 방향으로, 내 마음이 끌리는 곳으로 나아가는 삶. 스스로와 깊은 대화를 나누고, 우리를 둘러싼 자연을 느끼는 시간도 가져보면서 말이다.

캠핑이 우리의 삶을 바꿔놓았듯, 누군가의 삶에도 그렇게 자연스럽게 녹아 드는 기쁨이 된다면 좋겠다.

sorosoro

소로소로는 '작은 길'과 '천천히' 라는 뜻을 품고 있으며, 빠르진 않아도 정확한 방향으로 걸어 나가겠다는 생활모험가의 철학이 담겨 있습니다. 많은 책을 만들기 보다는 한 권, 한 권에 정성을 들여 많은 독자들과 나누고 싶습니다.

캠핑
하루

초판 1쇄 발행 2021년 1월 11일
4쇄 발행 2023년 10월 10일

글·사진 생활모험가
기획·편집 소로소로
디자인 디자인하는날
발행인 이수현
펴낸곳 소로소로
출판등록 제25100-2017-000085호
전화 0505-338-0523
인스타그램 @sorosoro_slow
이메일 sorosoro.slow@gmail.com

ⓒ생활모험가 2021
ISBN 979-11-964099-8-2 (03810)

· 이 책의 일부는 〈Outdoor〉 2020. 01~09 생활모험가의 연재 글을 바탕으로 하였습니다. (#6, 8, 10, 15, 17, 18, 20, 39)
· 이 책은 소로소로와 저작권자의 계약에 따라 발행되었으므로 무단 전재와 무단 복제를 금하며,
  이 책의 내용 전부 또는 일부를 이용하려면 반드시 저작권자와 소로소로의 서면 동의를 받아야 합니다.
· 파본은 구입하신 곳에서 바꾸어드립니다.
· 이 도서의 국립중앙도서관 출판예정도서목록(CIP)은 서지정보유통지원시스템 홈페이지
  (http://seoji.nl.go.kr)와 국가자료공동목록시스템(http://www.nl.go.kr/kolisnet)에서
  이용하실 수 있습니다. (CIP제어번호:CIP2020052537)